本研究课题获得中国科学院自然科学史研究所

中外科技比较研究中心资助

技术转移与技术创新历史丛书 ● 张柏春　主编

中国高等技术教育的"苏化"(1949-1961)

——以北京地区为中心

The Reform of Higher Technical Education
Following the Soviet Union's Model:
Focusing on Beijing Area (1949–1961)

韩晋芳　著

山东教育出版社

编 委 会

总　序

　　近现代技术发端于西方,并向世界各地转移。接受西方技术的国家或地区逐步消化吸收外来的技术,并使之本土化,实现技术自立,进而可能形成自己的技术创新能力。技术转移与技术创新已成为决定综合国力的一个重要因素,对社会变革和文化转型也产生了巨大影响。

　　自16世纪以来,技术转移成为中国技术发展的一条主线,从模仿到技术创新的根本转变越来越成为国人的追求。16—18世纪欧洲枪炮、仪器与钟表等的制造技术就被传教士和商人转移到中国,并且在一定程度上实现了本土化。19世纪60年代以来,西方技术更是大规模地向中国转移。中国人试图通过引进先进技术而实现"自强",甚至迎头赶上西方工业化国家。20世纪后半叶,中国继续大规模引进、消化吸收国外先进技术,较快地形成自己的技术能力。近十多年来,中国更是将提升技术创新能力、建设创新型国家当做一项国策。

　　技术转移与技术创新因历史阶段、社会文化的地区差异而呈现出不同的路径与模式。要认知技术转移与技术创新的本质和模式,就须开展大量的历史专题研究,特别是个案研究。自2002年以来,中国科学院自然科学史研究所组织团队开展了如下的技术转移与技术创新个案研究:

　　16—17世纪西方火器技术向中国的转移(尹晓冬负责);

　　德国克虏伯与晚清大炮——贸易与仿制模式下的技术转移(孙烈负责);

　　近代铁路技术向中国的转移——以胶济铁路为例(王斌负责);

　　晚清西方电报技术向中国的转移(李雪负责);

　　中日近代钢铁技术史比较研究:1868—1933(方一兵负责);

1

中国高等技术教育的"苏化"(1949—1961)——以北京地区为中心(韩晋芳负责);

制造一台大机器——20世纪50—60年代中国万吨水压机的创新之路(孙烈负责);

中国航天科技创新(李成智负责)。

如今,该系列的个案研究告一段落,所取得的主要成果形成8部专著,结为《技术转移与技术创新历史丛书》。这套丛书在研究视角与方法、史料与学术观点等方面都有所突破。首先,与以往国内的技术成就史与引进史研究不同,作者们从技术转移或创新的视角,梳理基本史实,分析"进口—适应—技术自立"的"横向"跨国技术转移、"理论研究与教育—实用技术—产品"的"纵向"技术转移、"转移—消化吸收—创新"的转变,以发现中国技术转移与创新的模式和机制。其次,作者们发现了大量新史料或重新解读了已有史料,包括胶济铁路的德文档案、大北电报公司的档案、汉阳铁厂外籍工程师回忆录、克虏伯公司的档案、机械部关于水压机的档案、教育部关于院系调整的档案等,这为提出新的学术见解和进一步的理论研究奠定了坚实的基础。

《技术转移与技术创新历史丛书》也是国际合作研究的结果。比如,"16—17世纪西方火器技术向中国的转移"的研究是与德国马普学会科学史研究所合作完成的;"晚清德国克虏伯技术向中国的转移"与"近代铁路技术向中国的转移"的研究得到了德国柏林工业大学的支持;"中日近代钢铁技术史比较研究:1868—1933"获益于与日本同行的交流。

《技术转移与技术创新历史丛书》主要仰赖中国科学院规划战略局与基础局"中外科技发展比较研究"项目(GZ01—07—01)的支持,也部分地得到了中国机械工程学会和北京航空航天大学人文学院的支持。作者们正在以本丛书为基础,以更开阔的视野开展中外技术发展的比较研究,审视技术在不同的文化传统中的发生、发展、转移与创新,以认知科学技术的本质,求得历史借鉴与思想启发。

中国近现代技术史研究是一项长期的学术使命。这套丛书只是从技术转移与技术创新的角度做了非常初步的尝试。因研究积累和学识所限,故本丛书中难免有疏漏与不足,敬请广大读者和学界同仁不吝赐教。

张柏春

目　录

Contents

前　言

　　技术转移的形式随时代的演进而变化。在古代，技术主要以经验、手艺与工具等形态被匠人掌握。工匠和工具在技术传播过程中起到多方面的作用。19世纪以来，机器大工业使技术转移的维度大大拓宽。技术传播活动不仅包括技术人员的流动，还包括设备、文本知识、图纸与技术制度等的转移。随着技术的科学化，技术学校在技术转移和创新中扮演着越来越重要的角色。

　　在中国现代化进程中，技术教育成为技术转移的一个重要形式。自强运动时期，西方的造船、兵器制造技术以及矿冶、铁路、电报等技术向中国转移，晚清政府支持创建造船、武备、电报等西式学堂，以培养发展军事工业及相关事业所急需的人才。民国时期，国民政府试图发展实业，效法欧美模式发展高等技术教育，如清华大学几乎是美国大学在中国的翻版，同济大学则采用德国模式。大学的工科教师主要是从欧美学成归国的留学生，普遍采用欧美大学的原版教材。20世纪50年代，中国从苏联引进技术，并进行了以借鉴苏联教育制度为特征的院系调整，即发展多科性工业大学、专门学院以及中等专业学校，构建专业比较齐全的技术教育体系，设置许多二级学科和尖端专业。这些改革使人才培养与引进苏联技术相匹配，为工业化建设不断输送人才。

　　20世纪60年代以来，国外学者已注意到苏联教育体制对中国教育改革的影响。沃伦斯（Leo A. Orleans）在《共产党中国的专业人才与教育》（《Professional manpower and education in Communist China》）中分析了50年代教育改革的过程、人才培育质量等问题。[1]郑竹园在《共产党中国的科学技术人力资源》（《Scientific and engineering manpower in Communist China 1949—1963》）中从人力资源角度评价了苏联和西方国家在中国科技专业人才培养中的作用。[2]大塚丰在《现代中国高等教育的形成》中探讨了 20 世纪 50 年代私立院校的改造和部门办学体制的建立，将部门办学体制追溯到中国共产党在延安办教育的实践经验。[3]

近三十年来，国内一些专著的作者重视研究中国学习苏联经验的历史。胡建华撰写的《现代中国大学制度的原点：50 年代初期的大学改革》，以华东区的院系调整为例，梳理了以设立专业、统一教学计划、编制教学大纲为主的高等院校的教学制度改革。[4]张柏春、姚芳、张久春和蒋龙在《苏联技术向中国的转移》中以北京航空学院和长春汽车拖拉机学院为案例，阐释苏联教育经验和专家在技术转移中的重要作用。[5]沈志华的《苏联专家在中国》分析了苏联专家来华政策的演变、在华待遇、生活及对中国建设事业的影响。[6]罗时叙的《由蜜月到反目——苏联专家在中国》以纪实文学的形式描述了苏联专家在教育部以及高校的生活和工作。[7]

苏联影响下的院系调整成为近些年学术研究的一个热点，比如工科院系调整方面有《院系调整与我国高等工程教育》[8]《建国初十年高校院系调整对我国工科教育的积极影响》[9]和《工科教育在建国初十年高校院系调整中的快速发展述评》[10]等许多文章。刘文渊和欧阳军喜等人的论文《中国高等工程教育发展概况》从学校数量发展、专业设置的合理化与教学质量的提高等方面总结了高等技术教育的发展历程。[11]王杰、韩云芳和胡如光的《新中国初期建立高等工程教育体系的探索》一文简述了 1957 年以前中央建立由各部委领导工科院校的新教育体系。[12]郑刚和兰军的《20世纪 50 年代高等教育界聘请苏联专家发展历程特点及其影响》[13]、鲍鸥的《苏联专家与新清华的建设》[14]、赵阳辉的《苏联援助创办哈尔滨军事工程学院的历史研究》[15]以及王丽莉和潜伟的《1952—1957 年苏联专家与北京钢铁工业学院的学科建设》[16]等文章分析了苏联专家对不同特色的院校改革的影响。

在肯定院系调整促进高等技术教育迅速发展的同时，学界也注意到"苏化"改革的消极影响。任一明、熊明安在《新中国成立 50 年间高等学校几次重大调整》中认为院系调整是违反高等教育一般规律的、不必要的改革。[17]李涛的《关于建国初期中国高等学校院系调整的综合述评》认为 50 年代教育改革使大学的学术自主性弱化，造成"大学精神"的缺失。[18]李刚在《大学的终结——1950 年代初期的"院系调整"》中也表达了相同的观点。[19]陈坤华在《建国初期我国高校专业改造的历史思考》中指出专业改造对中国教育产生了若干负面作用，一是不利于创新型人才的培养，二是不利于学科的发展，三是影响教育观念的更新。[20]

由上述可见，关于 50 年代高等技术教育改革尚缺乏非常系统的研究，对工科院系调整方案的形成、技术教育改革的路径与方式、工业部门在教育改革中的作用等重要问题的深入专题研究还很不够。本书以技术转移为视角，以中国高等技术教育的"苏化"为对象，主要以北京地区的院系调整为案例，系统阐释 20 世纪 50 年代中国高等技术教育"苏化"的历程、基本特征和模式，认识技术教育在现代技术转移中的重要作用。

之所以重点研究北京的工科院校，主要是因为这个地区的高等技术教育改革具有以下特点：（1）改革酝酿得早。中央政府从接管清华大学、北京大学等校时就酝酿调整这些大学。（2）院校种类齐全。从院校历史上看，北京大学起于清末的京师大学堂，清华大学、燕京大学等校始建于民国时期，北京地质学院、北京钢铁学院和北京航空学院等是 1949 年以后新建的。从隶属关系上看，既有国立的清华、北大等校，又有私立的燕京大学。1949 年以后，则有高等教育部主管的大学和工业部门主管的院校之分。从学科分类上看，既有多科性工业大学，也有专门学院。（3）大量苏联专家参与北京地区工科院校的改革。从 1951 年到 1960 年，教育领域共聘请了 901 名苏联专家，仅北京工科院校的专家数量就达 231 名。① 这些特点决定了北京地区工科院校在全国教育改革中的突出地位，恰如张宗麟在《改革高等工业教育的开端》中指出的："北京是首都所在地，北京三个大学（指北大、清华、燕京大学）合理调整了，改革开始了，实际上起了带头作用，各地区也就闻风响应了。"[21]在 1951 年 11 月召开的全国工学院院长会议上，会议代表也提出"我们唯北京各大学的马首是瞻"。本书以北京工科院系调整为具体案例，兼做全国高等技术教育"苏化"的宏观概述，以粗略地勾勒出 20 世纪 50 年代高等技术教育改革的全貌。

院系调整内容繁多，情况复杂，本书重点阐释高等技术教育办学体制、教学制度方面的"苏化"，基本不涉及具体科研工作，也不就复杂政治因素展开讨论。为行文及讨论方便，下面对"高等技术教育""院系调

① 1951 年到 1957 年，共聘请 794 名苏联专家。1958 年到 1960 年，共聘请 107 名苏联专家。故从 1951 到 1960 年间全国各高校共聘请苏联专家 901 名。

整""教学制度""教学组织"等使用频次较高的术语做简要界定：

1. 高等技术教育：主要是相对于中等技术教育而言，指以技术科学为主要内容、以培养高级工程技术人才为目标的专科以上的技术教育，具体的机构就是多科性工业大学和工业类的专门学院。

2. 院系调整："院系调整"一词首先见于 1949 年以前的文献。当时的"院系调整"又称为"院系之整理"，指的是对大学内的院系进行"归并、裁撤、以及对缺乏中心目标的院系加以具体的规定"[22]，而校级的改组、合并以及一些院系的增设等被称为"大专院校的整顿"。1949 年以后"院系调整"的涵义扩大化到院校的增设、重组和内迁。80 年代以来，"院系调整"已成为 50 年代大学体制改革的代名词。

3. 教学制度：主要指教学计划、教学大纲以及有关讲课、实验和考试等教学环节的各种制度。

4. 教学组织：主要指以培养目标为主体的"专业"和以教师为主体的"教研组"这两种类型的组织。

本书主要参考了四类资料。第一，档案资料。首先是中央档案馆、教育部档案馆、北京市档案馆以及清华大学档案馆、北京大学档案馆和中国石油大学档案馆的原始档案文献；其次是已经整理出版的各种档案资料，如何东昌主编的《中华人民共和国重要教育文献》、陈大白主编的《北京高等教育文献资料选编（1949—1976)》、华东师大高校干部进修班与教育科学研究所合编的《中华人民共和国建国以来高等教育重要教育文献选编》、中央文献出版社的《建国以来重要文献选编》、中国社会科学院编的《中华人民共和国经济档案资料选编》、清华大学校史研究室整理的《清华大学史料选编》和北京地质学院辑录的《北京地质学院苏联专家教学工作报告谈话汇编》等等。第二，50 年代的报刊资料。比如《人民日报》《人民教育》和《高等教育通讯》等全国报刊，以及《人民清华》《新清华》和《北京石油学院》等校刊对当时教育改革所做的报道和发表的教育改革文章。第三，反映教育史的年鉴、统计资料和校史等。比如《中国教育年鉴》《北京大学纪事》《清华大学志》《清华大学史料选编》《北京航空航天大学志》《北京航空航天大学校史资料汇编》《中国石油大学校史》《钢铁摇篮四十年——北京钢铁学院校史》《北京钢铁学院校史资料》《中国地质大学》和《北京理工大学志》，以及国家统计局和教育部等部门编写的《中华人民共和国教育事业统计提要（1949—1954)》《1955 年全国高等教育统计资料简编》《1956 年全国工业统计年报》和《中国教育成就统计资料（1949—1983）》等。第四，回忆录与口述史料。首先是相关人物的回忆录，如贾皞的《我在北京石油学院十八年》、于学业的《我国石油工业教育创业史料》、尹赞勋的《往事漫忆》、方华灿整理的《辉煌的五十年——石油大学机电工程学院历史回顾》、清华大学电子工程系的《往事、真情、厚望》（纪念文集）。笔者曾分别访问中国科学院院士魏寿昆[①]与马大猷[②]，请他们口述自己亲历 50 年代高等技术教育改革的历史及他们对院系调整的评价。中国石油大学余世诚教授和清华大学陆大淦教授也提供了当年教育改革的一些信息。上述资料相互补充、印证，为笔者的研究与书稿撰述奠定了坚实基础。

---

① 魏寿昆（1907 年 9 月 16 日—2014 年 6 月 30 日），冶金学和冶金物理化学家、冶金教育家。1923—1929 年就读于北洋大学，1930 年公费留德，1935 年获德国德累斯顿工业大学化学系工学博士学位。曾在北洋大学、国立西北工学院从事冶金方面的教学工作，建国初期任北洋大学工学院院长兼冶金系教授，天津大学副教务长兼冶金系教授，北京钢铁学院教务长兼理化系教授，亲自参与院系调整工作，对民国、德国以及苏联高等技术教育制度有深刻的认识。
② 马大猷（1915 年 3 月 1 日—2012 年 7 月 17 日），中国现代声学开创者和奠基人。1936 年毕业于北京大学，1939 年获美国哈佛大学硕士、哲学博士学位。1940 年回国后在西南联大工学院电机系任教授，北京大学工学院首任院长，1952 年，任哈尔滨工业大学教授、教务长，亲自参与院系调整工作，并对民国、美国高等技术教育制度有很深的了解。

第一章　高等技术教育"苏化"的背景

高等技术教育从属于国家的政治、经济与社会等方面的目标。当国家政治经济体制发生变化、科技与教育发展的路径发生变化时，高等技术教育制度也随之调整。20世纪50年代，中国与苏联建立了密切的盟友关系，借助苏联援助加快工业化建设。原有的高等技术教育体系难以满足大规模工业建设的需要，须与时俱进地发展与改革。新中国决定学习苏联的经验，建立计划经济体制，改革高等教育体制，使技术教育"苏化"，以适应产业与国防的快速发展。

第一节　中苏结盟与学习苏联

第二次世界大战后，世界形成了以美苏为首的两大阵营对峙的格局。中苏两国出于各自政治、经济和军事等利益的考虑，建立起友好、同盟与互助的关系。以此为基础，苏联向中国提供经济、技术、科学、军事等多方面的援助。中国将苏联作为"老大哥"，学习苏联的"先进经验"。

一、中苏关系的建立

中苏结盟有一定的意识形态基础。1921年，在苏联共产党领导的共产国际的影响和帮助下，中国共产党成立，并成为共产国际的一个支部。在此后很长一段时间里，中国共产党接受共产国际的领导，并与苏联共产党保持密切的关系。其间，两党之间因对革命形势认识的不同以及对各自民族和国家利益的考虑，也出现了一些分歧，保持着一种张力。

二战后美苏两国的博弈为中苏进一步合作提供了机会。第二次世界大战后，世界上出现了以美国为首的资本主义和以苏联为首的社会主义两大阵营。这两大阵营为利用中国内战继续扩大并维护其在中国的利益而在中国选择各自的代言人并给予多种支持。美国向国民政府提供军事和经济上的援助，而苏联一方面与国民政府保持合作关系，一方面在军事装备、物资和后勤等方面援助在东北的中共军队，以制约国民政府，对抗美国。到1948年，中共领导的军队在内战中的优势日益显现，苏联为保障其在中国的利益和在世界战略格局中的地位，决定全面支持中国共产党。如斯大林在1948年3月指出的，"我们的工作就是利用一切可能的手段帮助我们的中国同志，直到他们能彻底打败所有的敌人，与苏联友好相处，并开始一种新的幸福生活"[23]。苏联不仅帮助中共恢复东北地区的生产，提供各种经济与技术支持，还于1949年1月底派苏共中央政治局委员米高扬秘密访问西柏坡。米高扬在西柏坡与毛泽东等中共中央领导人进行了多次深入会谈。米高扬的来访消减了中苏两党之间的隔阂，加强了合作关系。

建立新中国的艰巨使命使中国共产党作出"一边倒"向苏联的战略选择。中共派出高层领导出访苏联，直接与苏联高层领导商讨合作。1949年6月，刘少奇率中共中央代表团访问莫斯科，向斯大林和苏共中央提交关于建国设想的详细报告，请求苏联的经济技术援助。1949年7月1日毛泽东发表《论人民民主专政》一文，宣称站在以苏联为首的社会主义阵营一边。此后，中共高层领导在各种场合均表达了"一边倒"的立场。比如，刘少奇强调，中国必须在政治、组织、意识形态、技术、经济、法律、教育、文化等方面向苏联学习。[5]12半年之后，中央人民政府主席毛泽东访问莫斯科。经过一段时间的谈判，中苏签订《中苏友好同盟互助条约》和《关于苏联贷款给中华人民共和国的协定》，开启双边合作的新篇章。毛泽东承认苏联在社会主义阵营中的领导地位，苏联则向中国提供大量的技术和经济援助。

1953年3月5日，斯大林去世。中苏合作关系并未随着苏联领导人的更替而停滞，而是在赫鲁晓夫上台后进入更为密切的阶段。为借助中国巩固苏联在社会主义阵营的影响力，新上任的赫鲁晓夫积极调整对华政策，加大经济、科技、军事援助的力度和规模。中国面临西方的经济技术封锁及台湾海峡、朝鲜、越南的紧张局势，希望苏联能提供更多的援助，以快速实现工业化。中苏关系在1953—1956年之间达到鼎盛时期。

欢迎苏联代表团①

中苏之间的合作始终保持着一种张力。之前中苏之间基于彼此需要而建立了亲密的合作关系，但到1956年以后，中苏之间的分歧影响了两国之间的合作。1956年苏联与东欧的政治变化给中苏关系带来了消极影响。1956年初，赫鲁晓夫在苏共二十大上作《关于个人崇拜及其后果》的秘密报告，抨击斯大林的错误。毛泽东和其他领导人虽然对赫鲁晓夫的做法表示支持，并在中共八大上肯定了苏共二十大的精神，但实际上毛泽东并不赞同赫鲁晓夫的做法。在此后的一段时间内，中苏关系处于一种微妙的状态。一方面，赫鲁晓夫在苏共内部的政治地位还不太稳固，苏联在社会主义阵营内的威望降低，仍需中国的支持。另一方面，毛泽东在协助苏联处理社会主义阵营内部事务过程中提高了中国的影响力，但仍需要苏联的援助。在合作利益的驱动下，中苏领导人都正确对待分歧，努力维护盟友关系。在1957年11月的共产党和工人党代表会议期间，中苏两国领导人仍一致维护团结大局。

1958年的长波电台事件和赫鲁晓夫对中国"大跃进"的消极评价成了

---

① 1952年11月7日至12月6日，中国许多城市举行了"中苏友好月"活动，图为重庆市民夹道欢迎前来参加"友好月"活动的苏联代表团。张筱强，《图片中国百年史》，济南，山东画报出版社1994年版，第426页。

中苏关系发生转折的导火索。1958 年 4 月 18 日，苏联国防部长马林诺夫斯基元帅向彭德怀元帅提出在中国南方共同建设一个大功率的长波电台，以便于苏联潜艇和中国海军的联系。对此，毛泽东坚持由中国出资，苏联仅负责解决技术问题。赫鲁晓夫为此秘密访华，但仍未能就此与毛泽东取得共识。在此期间，赫鲁晓夫听了毛泽东关于"大跃进"的介绍，认为"大跃进"有超越阶段、忽视规律的问题。毛泽东对此非常不满。此时，赫鲁晓夫巩固了他在苏联共产党中的地位，而毛泽东因国内经济建设的成功和在国际事务中影响力的增加，对自己的经济技术实力有了信心，试图在中国探索新的发展模式，更注重中苏之间的平等交往。中苏两国领导人之间彼此心存芥蒂，而且双方对彼此的容忍度下降。

1959 年，赫鲁晓夫访美、推迟对中国的核技术援助及苏联对中印冲突的态度等一系列事件引起了中方的强烈不满，促使中苏关系恶化。到 1960 年，中苏两党领导人从初期的含沙射影的相互指责演变成公开论战。1960 年 7 月苏联宣布撤走专家，中断对中国的援助。同年 10 月中国政府向苏联提出修改经济和科技合作协议，并表示无法继续履行向苏联提供货物的义务。中苏关系快速走向破裂。

二、苏联对中国的援助

20 世纪 40 年代末，中国尚未建立比较完整的工业体系，工业在整个国民经济中所占的比重很低，技术普遍落后。比如，工业生产所需要的原动机、发电机、工作母机及制洋灰、造纸、车辆等机器，十有八九是依靠外来的。[24]7 新中国建立后，中央政府优先发展重工业，以尽快建立国家的工业化基础，加强国防力量。中国通过援建项目等方式，获得苏联和东欧的技术、机器设备、贷款和专家等多方面的援助。1951—1955 年间，苏联先后向中国提供了总计 12.74 亿卢布（合人民币 53.68 亿元）的贷款。

中苏两国签订的援华工业项目超过 300 项，其中最重要的是第一个五年计划期间布局的"156 项工程"。1950 年 2 月 14 日，中苏签订苏联援助中国建设和改造 50 个大型企业的协定。1953 年 3 月 21 日，中苏两国又签订关于苏联援助中国扩建和新建电站的协定，同年 5 月签订苏方协助中国新建和改建 141 个工业企业的协定，其中新增 91 个项目。赫鲁晓夫上台后，苏联对华援助的力度加大，中苏之间又陆续签订了《中苏关于帮助中华人民共和国政府新建十五项工业企业和扩大原有协定规定的一百四十一

项企业设备的供应范围的议定书》以及苏联援建中国 16 个工业项目的协议。[5]70—73

1954 年 10 月，中苏两国代表周恩来（右）与米高扬（左）在《联合公报》上签字①

苏方派大批技术专家来华工作。根据西方文献的统计，在 1949—1960 年间，约有 11 000 名苏联专家来华工作。[5]319他们广泛分布在经济、技术、科学、教育、军事领域，实施援建项目，包括给中国的各级领导做顾问，协助企事业单位的管理，并指导相关的业务工作。

中苏之间还建立了便捷的图书交流渠道。1950 年 9 月，苏联科学院主席团下令要求苏联科学院图书馆重新审查 1951 年的图书交换计划，重视与中华人民共和国的图书交流。从 1953 年起，苏联科学院增加了给中国的寄书量，能够接收到苏联科学出版物的中国机构达到 300 个，其中包括 31 个大型图书馆。从 1955 年 8 月起，北京图书馆与苏联国家列宁图书馆、萨尔蒂科夫·谢德林国家公共图书馆建立了馆际互借业务。北京、天津、哈尔滨、南京等地的大学教师可以通过北京图书馆借阅上述苏联图书馆中的书籍。据统计，从 1950 到 1953 年，苏联给中国的图书资料共计 120 842 套（册）。到 1956 年，中国从苏联进口的各类图书共计约 11 500 种，总计 290 多万册。[25]61—69

三、学习苏联经验

中国共产党缺乏管理国家经济、科技、教育等方面的经验，希望向率先建立社会主义大国的苏联学习。

1. 苏联发展工业与高等技术教育的经验

---

① 张筱强，《图片中国百年史》，济南，山东画报出版社 1994 年版，第 434 页。

苏联在建国初期基本上是个落后的农业国家，钢铁和机器制造等工业都很落后。经过第一次世界大战和国内叛乱等冲击，苏联国民经济濒于崩溃。据1920年的统计，苏联工业产品只有战前的14%，农业产量只及战前的60%。为迅速改变落后面貌，1925年12月，斯大林在苏联共产党第十四次代表大会上提出，必须把国家变为经济上不依赖资本主义国家的工业国的迫切任务，并明确以重工业为核心来实现工业化的路线，其中重工业中又以机器制造业为中心。

苏联从1928年起连续实施三个五年计划，到1941年6月苏德战争爆发前，已建立起以重工业为中心的完整工业体系。到第一个五年计划结束时，苏联工业总产值比1913年增加近二倍，工业产量在整个国民经济中的比重由五年计划初的48%增加到1932年的70%，制造生产资料的工业比重从1928年的43%上升到1932年的53.3%。工业发展速度和工业产量分别居世界第一位和世界第二位。第二个五年计划完成时，工业总产值比1932年增加了1.2倍，重工业在全部工业中占57.8%。第三个五年计划完成时，苏联整个工业生产增加了6.5倍，工业产值在欧洲跃居第一位，超过了英德法工业发展的最高水平。工业技术水平也有了极大提升。农业机械、火车头、合成橡胶和锰矿开采居于世界首位。顿巴斯采煤业的机械化在二战前已达到90%，超过了美国和德国。在国防技术上，已经能制造米格－1、米格－3、雅克－1、伊尔－2、伊尔－4等飞机以及T－34坦克等新型武器。[26]

为配合工业化建设，苏联在20世纪30年代对高等技术教育实施富有成效的改革。第一，实行高等技术教育的部门领导体制。第二，大力发展工科院校，特别是专门学院。综合性大学被分解为各类专门学院，如莫斯科鲍曼高等技术学校（即莫斯科技术大学）被分解为机器制造学院、航空学院、动力学院、建筑工程学院和化学防护学院等五个工科院校。到1950年，全苏联有836所高校，其中768所是专门学院。[27]24第三，实施分专业的计划性教学。大学根据工业部门的需要，按专业培养学生，有些专业还进一步分成几个专门化，各专业都有自己的教学计划。第四，重视学生的生产实践，加强教学与生产的联系。苏联政府要求生产实习的时间要占有关年级教学时数的30%～40%左右。[28]此外，在不同的教学阶段，要安排不同内容的课程设计，最后还要完成毕业设计。课程设计多与实际生产相联系，要求学生运用所学知识解决生产中的实际问题。毕业设计通常按照工厂的实际需要来选题。魏寿昆院士回忆说："苏联的毕业设计很详细，一个厂房要设置什么东西，上边起重机多大，炉子多长多宽多高，另外需要有的一切设备，甚至一个班几个师傅，都算的很清楚。一个和毕业设计中所定的产量差不多的工厂，可以直接按照毕业设计的图纸盖厂房、施工。"[29]

与美国高等技术教育体制不同，苏联将工程训练纳入高等工科院校教育，使各类专业毕业生能够很快投入到工业生产中，直接有效地在经济，尤其是重工业"整机"中发挥"零部件"的专门作用，满足工业化对人才的迫切需要。①[30]16这种模式的高等技术教育为苏联工业建设培养了大批技术人才。在前两个五年计划中，苏联高等学校就培养了54万名高熟练程度的专家。在第三个五年计划的前三年和卫国战争时期，又培养了59万名专家。各部门受过高等教育和中等教育的专家人数的增长速度远远超过工人和职员的增速，企业技术力量迅速提高。从1933年到1941年，企业的工程师人数增加了1.5倍，技术员人数增加了1倍。[31]14化学工业中共有23 000名化学工程师，超过了德国（当时德国化学工业中共有12 000名工程技术人员）。到第五个五年计划初期，工业部门内平均每1 000人中就有工程技术人员约130人，个别机器制造部门的工程技术人员与工人的比例为1∶5。

2. 中共中央号召学习苏联

苏联成为中国共产党学习建设社会主义的榜样。中共中央领导人多次强调向苏联学习的重要性。毛泽东在1949年6月30日发表的《论人民民主专政》中强调："苏联共产党就是我们最好的先生，我们必须向他们学习。"而且，这种学习是"恭恭敬敬地学，老老实实地学"[32]1481。刘少奇在中苏友好协会总会成立大会上指出，过去中国人民的革命，就是学习苏联。今后我们要建国，同样必须"以俄为师"。

1953年2月7日，在人民政协第一届全国委员会第四次会议闭幕式上，毛泽东对如何学习苏联做了阐释："要学习苏联。我们要进行伟大的

---

① 一般而言，工程师成长的过程通常分为工程教育、工程训练和工程实践几个环节。从世界范围来看，工程教育都是在学校里完成的，工程训练是在学生毕业后参加工作的初期完成的，但对于工程训练，各国的模式则有很大差别。在美国、日本，企业非常重视员工的培训，而且有完整的培训制度和体系，因而工程训练大多是在企业完成的。而苏联则将工程训练放在大学里进行。

国家建设，我们面前的工作是艰苦的，我们的经验是不够的，因此，要认真学习苏联的先进经验。无论共产党内、共产党外、老干部、新干部、技术人员、知识分子以及工人群众和农民群众，都必须诚心诚意地向苏联学习。我们不仅要学习马克思、恩格斯、列宁、斯大林的理论，而且要学习苏联先进的科学技术。我们要在全国范围内掀起学习苏联的高潮，来建设我们的国家。"[33]随后《人民日报》于2月10日发表社论《贯彻毛主席的伟大号召》，要求必须克服消极的怀疑的态度，以高度的革命热情和科学的求实精神，来学习苏联。此后，"苏联的今天就是我们的明天"也成为中国社会广为传布的口号。

50年代初，中国共产党对苏联模式几乎持全面肯定的态度。苏共二十大之后，毛泽东开始反思苏联做法。1956年3月17日，中共中央召开书记处会议，讨论赫鲁晓夫的秘密报告。毛泽东把赫鲁晓夫讲话的结果概括为两句话，一是揭了盖子，二是捅了娄子。揭开盖子，表明斯大林及苏联的做法并不是完全正确；捅了娄子，是指各党没有准备，容易给社会主义阵营带来混乱。同年4月25日，毛泽东发表《论十大关系》，其中谈到："最近苏联方面暴露了他们在建设社会主义过程中的一些缺点和错误，他们走过的弯路，你还想走？过去我们就是鉴于他们的经验教训，少走了一些弯路，现在当然更要引以为戒。"对于学习苏联经验，毛泽东要求："我们的方针是，一切民族、一切国家的长处都要学，政治、经济、科学、技术、文学、艺术的一切真正好的东西都要学。但是，必须有分析有批判地学，不能盲目地学，不能一切照抄，机械搬运。他们的短处、缺点，当然不要学。"[34]251

到"大跃进"时期，毛泽东更进一步强调，要结合自己的经验学苏联。他在1958年6月29日的一次讲话中提到："苏俄打败过十四个帝国主义国家的干涉，那已经很久了。苏联有二次世界大战的经验。我们打败过蒋介石、日本帝国主义、美帝国主义，有丰富的经验，把自己的经验看得那么不值钱，是不对的。要以我为主，学习别人的先进经验。……最重要的是学习苏联先进经验一定要和自己的独创相结合，马列主义的普遍原理与中国革命的实践相结合。"[35]

第二节　国家工业化建设对人才的需求

新中国建立伊始，技术人才的严重缺乏成为工业化建设的主要制约因素之一。陈云在 1951 年 4 月召开的党的第一次全国组织工作会议上讲到，"工业方面，我们要开发石油、生产化肥、制造发电机、建设发电厂，还要造飞机、坦克，建设大的汽车厂等……开一个工厂，就需要工程师、技师、工人、职员；各要多少，应有一定的比例。现在需要很多的熟练工人、职员，更需要技师。中国的知识分子不多，毕业就是失业的时代已经过去了。现在全国的大学生才有十万多一点，每年毕业二万多人，可是各方面的需要很多。中学生一年只有四十万毕业的，党政军民机关都要，不够分，干部'赤字'很大。解放前全国地质毕业的只有二百多人，可是现在需要很多，中国没有勘察的地方多得很"[36]。1955 年 3 月，陈云在党的全国代表会议上所作的《关于发展国民经济的第一个五年计划的报告》中再次说明："建设一个工厂，修筑一条铁路，并不像开一个手工作坊、买一匹毛驴那么容易。这是巨大复杂的工作；没有必要的技术力量，就算有了资金，也不能建成工厂和铁路。在提高现有的技术人员水平方面，我们还可以并应做许多工作；但是在技术干部主要来源的高等学校方面，我们已经不能提出比计划更高的要求。按照计划规定，高等学校的在校学生，将由 1952 年的 191 000 人增加到 1957 年的 464 000 人。为了增加高等学校学生，我们几乎把一切高中毕业学生升入了高等学校，另外还在党、政府、军队、民众团体的机关里，调动了几万合格人员升入高等学校。如果按照现在建设规模来考察技术人员的需要和配备情况，那么 5 年以内，单就工业运输方面需要的高级、中级技术人员是 351 000 人，但是我们能够配备的只有 289 000 人，其中中等技术学校毕业生又几乎占了 2/3。很显然的，在第一个五年计划期间我们没有更多的技术力量来更加扩大工业、运输基本建设的规模。"[37]13 斯大林和苏联国家计委对中国第一个五年计划草案提出修改意见，也特别强调注意培养自己的专家，技术人员数量要比工人的增长速度快，以保证技术水平的提高。显然，人才需求的缺口成为实施"一五"计划的关键因素，这也是高等技术教育改革和发展的主要动因。

一、第一个五年计划

1951 年 2 月，中共中央政治局扩大会议决定从 1953 年起实施发展国民经济的第一个五年计划，电力、煤炭、石油、钢铁和有色金属工业是第一个五年计划中的重点项目，以建立工业化的初步基础。其中，"一五"计划的主要目标是集中主要力量进行以苏联帮助设计的 156 个项目为中心的、由限额以上的 694 个建设单位组成的工业建设，还要建设 2 300 个限额以下的建设项目。"156 项工程"中实际施工的有 150 项，包括能源、冶金、化工、机械、军工、轻工业和制药工业等五类，多数是生产资料类的工业项目（表 1-1）。这些项目主要分布在东北地区、中部地区和西部地区。其中，44 个国防工业项目中有 35 个放在中部和西部地区，仅四川和陕西两省就有 21 个项目。106 个民用工业项目中，东北地区分布了 50 个，中部地区 32 个。[5]76

表 1-1　苏联援华 150 项施工项目的企业构成

种类	数量	种类	数量
能源工业	52	机械工业	24
煤炭工业	25	军事工业	44
电力工业	25	兵器工业	16
石油工业	2	航空工业	12
冶金工业	20	电子工业	10
有色金属工业	13	船舶工业	4
钢铁工业	7	航天工业	2
化学工业	7	轻工业和医药工业	3

（来源：张柏春、姚芳、张久春、蒋龙，《苏联技术向中国的转移》，济南，山东教育出版社 2004 年版，第 75 页。）

二、"一五"计划对人才的需求

根据统计，在第一个五年计划实施期间，"国民经济各部门和国家机关需要补充的各类高等和中等学校毕业的专门人才共约 100 万人；同时，

中央工业、运输业、农业、林业等部门需要补充的熟练工人约为 100 万
人"[38]525。所需要的工业技术干部种类和数量见表 1-2。

表 1-2　第一个五年计划需要工业技术干部的种类和数量

类别	五年内招新生数	五年内毕业学生数	1957 年为 1952 的百分比
地质和勘探	17 500	10 000	219. 2
矿藏的开采和经营	16 000	7 600	258. 8
动力	15 500	7 500	232. 8
冶金	10 000	3 200	398.4
机器制造和工具制造	54 100	19 300	395.2
电机制造和电气器材制造	9 400	1 700	870.2
化学工艺学	10 600	5 100	219.3
造纸工业、森林采伐和木材加工	700	600	127.1
轻工业	4 400	3 300	138.0
测量、绘图、气象、水文	4 600	2 100	273.0
建筑和市政工程	37 400	25 100	163.5
运输和邮电	9 600	4 700	200.5
其他	24 800	4 700	406.2
合计	214 600	94 900	266.8

（来源：《中华人民共和国发展国民经济的第一个五年计划》(1953—1957)，见中
共中央文献研究室编，《建国以来重要文献选编》第 6 册，北京，中央文献出版社 1993
年版，第 528 页。）

　　生产、科研等各个领域都需要大批的人才。在工业生产领域，"156 项
工程"的建设和投产尤其需要大量的技术人员，鞍钢大型轧钢厂、无缝钢
管厂、七号炼铁炉三大工程仅在基本建设中就需要数千名技术人员。苏联
援建年产 3 万辆汽车的长春汽车制造厂，大约需要总工程师、工程师和技
术人员 600 多人，大学和中学毕业的助手 800 多人；开工生产又需要工程
技术人员 1 600 多人。[39]38 再以地质部门为例，1953 年地质勘测量大规模增
加，其中钻探、地质、地形测量超过 1952 年 10 倍，槽探、洞探超过 1952
年 23 倍，需要大量的地质方面的技术人员。[40]2655 在科研领域，中国科学院

计划在 1957 年将所属研究机构增加到 51 所，研究人员将达到 4 600 余人，比 1952 年增加 3 400 余人。[38]534 为培养大量急需人才，不仅需要扩大高校招生数量，而且还要建立大量高等院校，并大量补充高等院校的师资。据统计，仅"一五"时期高等院校就需要助教和研究生（包括留学苏联的研究生）3.4 万人，其中工科 1.1 万人。[38]528

与民国时期相比，苏联援建的大型工业建设项目尤其需要各种专门人才。1949 年以前，中国拥有的大型厂矿数量十分有限，机械化的程度很低，而小工厂中又不需要特别专门的技术人才。如 30 年代梅贻琦在谈及清华大学的通才教育方针时曾说："在中国工商界中，能邀致专家以经营一事业者甚少，大多数则只能聘一工程师而望其无所不能。"[41]101 "一五"时期重点建设的大都是"规模大，技术新"的项目，需要大批专门的技术人员，对高等技术教育的发展提出了新要求。

新工业项目的建设多集中在第一个五年计划期间，因此对高等教育的人才培养速度也提出了新要求。在苏联援建的 156 个工业项目中，从 1953 年到 1957 年将有 145 个项目开始施工建设。按照四年制的人才培养周期，仅 1949 到 1954 年内毕业的学生能够赶上第一个五年计划的需要。但实际情况是，1949 年到 1951 年间工科院校的招生数量还不能满足需要。为第一个五年计划培养工程技术人员的任务主要集中在 1951 年到 1954 年之间。

三、科技人才状况

民国时期培养出来的技术人才远不能满足需要。据统计，从 1928—1947 年间，国民政府共培养 31 700 名工程类毕业生、15 800 名自然科学类毕业生、13 100 名农林类毕业生、9 500 名医药卫生方面的毕业生，累计 7 万余人。[2]72 在共产党接管的工厂中，工程技术人员与工人的比例一般为 3.1∶100。某些行业的技术人员更少，比如，1949 年中国石油公司①的地质探勘、钻井采油、炼油方面的技术人员有 381 人，仅占全部职工总人数的 2.3%[42]381，[43]301。为了解决工业部门人力短缺问题，共产党留用民国

---

① 中国石油公司隶属原国民党资源委员会，于 1946 年 6 月成立。总公司设在上海，翁文灏任总经理，共包括甘肃油矿局、东北炼油厂、高雄炼油厂、嘉义溶剂厂、台湾油矿勘探处、四川油矿勘探处、新竹研究所以及上海、南京、汉口等地方的 10 个营业所。参考文献：梁华、刘金文，《中国石油通史（1840—1949）》，北京，中国石化出版社 2003 年版，第 381 页；申力生，《中国石油工业发展史》第二卷《近代石油工业》，北京，石油工业出版社 1988 年版，第 301 页。

时期培养或留学归国的技术人才，还决定 1949 年和 1950 年入学的学生提前到三年级毕业。更重要的是，新政权希望通过改革与发展高等教育，培养具有共产主义信仰的红色专家。

然而，50 年代初高校的数量与办学规模都与经济社会发展需要差距甚大。1951 年底，全国只有 47 所综合性大学和 36 所工科院校，且分布不够合理。[44]51 以机械工程系为例，全国设机械工程系的院校有 49 所（表 1-3），其中 12 个分布在华北地区，有教师 117 人；17 个分布在华东地区，有教师 146 人。部分工科系招生人数较少，如据教育部 1951 年的统计，在全国 233 个工程系科中，有 43 个班的学生数不足 5 人，55 个班的学生数不足 10 人。1951 年全国有 10 个地质系，仅有 64 名毕业生。地质系的师生比例不合理，如贵州大学地质系有教师 5 人，仅有 21 名学生。四川大学地质系有 4 名教师，却没有学生（表 1-4）。1949 年、1950 年和 1951 年三年的全国高校毕业生分别只有 2.1 万、1.8 万和 1.9 万人，其中经济建设急需的工科人才仅有 4 752 人、4 711 人和 4 416 人[45]9。1951 年暑期能够参与全国统一分配的高校毕业生仅有 17 015 人。其中，除去 2 029 名医科毕业生，1 400 人担任高等学校的助教、研究生和科学院所属研究机构的研究实习员，13 586 人可供统筹分配。当年仅中央各机关团体就需要 8 689 名毕业生，能通过计划分配给中央的只有 2 850 人。①

表 1-3　全国机械工程系基本情况统计表

	华北	东北	西北	华东	中南	西南	总计
校数	12	4	1	17	7	8	49
教师数	117	59	12	146	65	49	447
学生数	1 406	683	128	2 178	685	829	5 909

（来源：《全国工学院各系概况》，教育部档案 1951 年长期卷 35，教育部档案馆。）

---

① 《关于 1951 年暑期全国高等学校毕业生分配计划的报告》，教育部档案 1951 年永久卷 19，教育部档案馆。

表 1-4 西南地区高等工业院校地质系师生分布

	重庆大学地质系	贵州大学地质系	四川大学地质组
教授	5	1	1
副教授	1	1	1
讲师	0	1	1
助教	9	2	1
教师总数	15	5	4
学生人数	148	21	
师生人数比	1:10	1:4	

(来源:《全国工学院各系概况》,教育部档案 1951 年长期卷 135,教育部档案馆。)

高等教育人才产出不足的状况与人才需求存在极大差距。据教育部的估算,如果不进行院系调整,1952 年全国的工科院校仅能招收 1 万 5 千名学生,而 1952 年计划招收 2 万名本科生和 2 万名专修科学生。大量扩招必须通过统一调整、集中办理来实现。

表 1-5 工学院调整前后招生数量比较表[①]

系科	调整以前招生人数		1952 年拟招生人数	
	本科	专科	本科	专科
机械	2 110	1 075	4 000	5 000
电机	1 728	270	3 000	3 000
土木	2 022	447	2 000	3 000
水利	417	186	2 000	2 000
地质	103	60	2 000	2 000
采矿	961	100	2 000	1 000
化工	1 429	197	1 600	1 000
铁道工程及运输	296	459	600	1 000

① 说明:1951 年 10 月以前本科招生人数的统计中,水利系的学生数为水利和土木水利系两系学生数的总和,采矿系学生数为采矿、采煤、矿冶三系学生数总和,建筑系的学生数为建筑、营建两系的学生总和,铁道工程及运输为铁道系及运输系的学生总和。在 1951 年 10 月专科学生人数统计中,采矿系包括了采矿、采煤、矿冶系科的学生数,船舶系包括了造船、航海科的学生数,铁道工程及运输包括了铁路、铁路工务、铁路机务等相关系科的学生数。

续表

系科	调整以前招生人数		1952 年拟招生人数	
	本科	专科	本科	专科
纺织	246	269	400	1 000
航空工程	365	42	800	400
建筑	425	192	600	600
冶金	540	25	800	
船舶	92	75	200	
总计	10 734	3 397	20 000	20 000

（来源：《1952 年高等工业教育院系调整的方案》，教育部档案 1951 年长期卷 34，教育部档案馆。）

高等技术教育的办学规模远不能满足工业建设的需要，局部的教育改革也难以彻底解决技术人员严重不足的问题，中国共产党决定彻底改革旧教育，培养具有共产主义理念的新型技术人才。

第二章　高等技术教育的初步改革

中国共产党接管大学之后即筹划发展新型教育。1949 年颁布的《中国人民政治协商会议共同纲领》第 41 条明确了新政权发展教育的任务："人民政府应有计划有步骤地改革旧的教育制度、教育内容和教育法。"教育部副部长钱俊瑞在第一次全国教育工作会议上进一步说明教育改革的主要任务："在全国范围的建设任务前面，我们的教育必须根据共同纲领，以原有的新教育的良好经验为基础，吸收旧教育的某些有用的经验，特别要借助苏联教育建设的先进经验，建设我们的'以提高人民文化水平，培养国家建设人才，肃清封建的、买办的、法西斯主义的思想，发展为人民服务的思想为主要任务'的新民主主义教育。"[46]87 按照新的发展方针，中央人民政府开始初步改造原有大学，并注意吸收苏联的经验。

第一节　民国时期的高等技术教育

民国时期大学的工学院是发展培养高级技术人才的主角，也是 1949 年之后中国共产党发展工科教育的基础。因此，我们有必要回顾民国时期的高等技术教育，尤其是当时存在的问题及所做的改革。

一、高等技术教育的建立与发展

中国高等技术教育发端于清末，在 20 世纪前半叶初步形成规模，建立了以培养本科生为主的教育体系。

1. 高等技术教育的创建与发展

19 世纪 60 年代，清政府在自强运动中建立福州船政学堂。1895 年盛宣怀创办中国第一所大学——天津中西学堂，该学堂设法律、土木、采矿、机械四科。1904 年，清政府颁布癸卯学制，确立高等科学技术教育在社会建制中的地位，这是中国近代社会改革的一项重大成果。此后，又有 1912 年 9 月颁行的壬子癸丑学制和 1922 年 11 月颁行的壬戌学制。在新学制的框架下，技术教育发展较快，比如，邮传部设立唐山路矿学堂、四川铁道学堂、上海实业高等学堂等，地方政府创办直隶高等工业学堂和江南高等实业学堂等。

1927 年国民政府定都南京后，中国高等教育进入十年"黄金期"。这一时期，国家政治局势趋于稳定，国民经济发展较快，政府增加教育投入，出现了一批较有实力的大学，如北京大学、清华大学、燕京大学、北洋工学院、中央大学、东北大学等。大学工科院系的数量也有所增加，清华大学、中山大学、岭南大学都添设了工学院，同济大学工学院增设了高等测量系，北洋工学院增设了电机工程系、航空工程系等。到 1936 年，全国 108 所专科以上学校中，36 所设立工程院系。[47]76 在抗战爆发前的几年内，工程院系设备显著改善。国立大学工学院的仪器设备种类较全，数量较多，质量亦属上乘，能满足教学需要。[47]83 清华大学工学院、东北大学工学院的实验室甚至可与某些美国大学相媲美。教师水平也在提高，如清华大学工学院初创时期所聘的教授或曾在国内其他大学任教，如顾毓琇、刘仙洲等；或曾在企业任工程师，如李辑祥、章名涛、李谟炽等；或是从海外留学归来的学者，如李郁荣、任之恭等。

清华大学电机馆，建于 1934 年，三楼是电讯组①

---

① 清华大学电子工程系建系 50 周年画册《创业 奉献 追求》第 12 页。

清华大学土木工程系水力实验室的抽水机①

电真空实验设备（20 世纪 40 年代，昆明）单轴封口机与多轴封口机②

　　1937 年抗战爆发，高等教育发展的"黄金期"结束，大部分高等院校陆续内迁到西南或西北。高等教育在条件艰苦的后方仍有所发展，工科是战时发展最快的科类之一。到 1945 年抗战即将胜利时，工科的系科数量已达 155 个，比 1936 年增加 56 个；工科学生数达 15 200 人，比 1936 年增加 8 211 人。[47]97抗战期间，中国共产党在根据地也创办了一所培养理工人才的大学，即延安自然科学院。日本人在台湾、东北等占领区经营了台北帝国大学、台南高等工业学校、哈尔滨工业大学、新京工业大学和奉天工

① 陈超群，《清华大学工学院的创建》，第 42 页。
② 清华大学电子工程系建系 50 周年画册《创业　奉献　追求》第 12 页。

业大学等。这些沦陷区的大学基本实行日本教育制度，教师也以日本人为主。

抗战胜利后，工科教育继续发展，不少大学添设工科院系。比如，交通大学在土木、机械、电机等6个系的基础上，增设化学工程系、水利工程系、纺织工程系、轮机工程系；清华大学增设建筑系和化工系；北京大学新建工学院；北洋工学院添设建筑工程系和纺织工程系。学生数量也有所增加，如清华大学工学院共有学生1 200人，占全校学生总数的50%，其中机械系有340人，是全校最大的系。[48]438-452

但国共内战和经济危机使高等教育很快陷入困顿停滞的状态。通货膨胀、经费锐减使各校难以维持基本的办学条件。例如，武汉大学每月经费连缴纳水电费都远远不够；浙江大学靠借债度日，有时连买粉笔的钱都没有。教师不能按时领到全额的月薪，师生都面临断炊的危机。

2. 高等技术教育的办学理念

一般而言，高等教育主要表现为两种理念，一种是知识应"自为"存在，另一种是知识应"他为"存在。知识"自为"存在的理念，主要关注知识自身的内在逻辑发展，强调学者应该抱着为真理献身的精神去追求知识，追求高深学问；知识"他为"存在的理念，则关注知识的外在实用价值，强调以促进社会发展为探求知识的目的，知识应该为解决实际生活问题服务。[30]35不同的理念在高等技术教育领域有两种表现，一是强调实行自由的、具有全面知识的通才教育，一是以培养专门技术人才为主的专才教育。

民国时期的多数大学深受美国高等教育思想的影响，以发展通才教育为主。清华大学校长、首任工学院院长梅贻琦曾就清华大学工学院的办学方针提出："工学院各系的政策，我们应当注重基本知识。训练不可太狭太专，应使学生有基本技能，而可以随机应用。此类人才，亦就是最近我国工业界所需要的。"[49]16机械系教授庄前鼎也提出："我们所需要的工程师，不单是仅仅一个工程专家，而希望他对于一般的常识，都有相当的认识，……对于基本的功课，应该重视，就是要求得一般的普通常识。我们不能脱离社会来办工程，所以，政治、经济、历史、地理、社会学等都得知道一点。"[50]278有些大学注重精英教育，强调研究高深学问，如罗家伦所言："我对于清华只希望他能够成为与美国普林斯顿大学一般的学校，学生人数不过两三千，可是这种精而不多的队伍却产生了许多学术的贡献。

至于美国许多两三万学生的大学，虽然规模宏大，却非我所希望的。"[51]在体制方面，大学由国民政府教育部直接领导，仅通过工业教育委员会以及抗战时期的建教合作委员会与工业生产部门发生联系。① 在学校内部，普遍实行"教授治校"，大学自治。

与国民政府治下的高等教育发展理念相比，中国共产党在延安等解放区创立的高等教育更强调为经济建设服务。中共中央政治局于1941年通过了《中共中央关于延安干部学校的决定》，强调以"专门化"为人才培养目标。[52]25《决定》还规定带有专门性质的学校"应以学习有关该项专门工作的理论与实际的课程为主"，专门课应占全部课程的50％，一些不需补习文化课的学校中专门课应占80％。[52]24 1942年7月，延安自然科学院农学系教师乐天宇在《解放日报》上发表一篇题为《读〈关于延安干部学校的决定〉》的文章。此文引起一场长达数月的讨论，讨论内容是自然科学院的教育应服务于当时战争需要，还是立足于未来科技事业的长期发展。李强和沈鸿等人在《自然科学教育与工业建设》一文中，认为边区的自然科学教育应立足于抗战需要，服务于边区经济建设。此后，"教育为当前经济建设服务"就成为共产党发展教育的基本理念，并影响到1949年以后中国高等教育的发展方向。

延安自然科学院学生在做实验②

---

① 工业教育委员会由经济部、交通部的主管司长及研究试验所所长、军政部兵工署署长等工业专家组成，归教育部管辖。抗战期间，又建立了由教育部、内政部、军政部、财政部和航空委员会等部门的主管人员组成的建教合作委员会。
② 北京理工大学网页。http://www.bit.edu.cn/xxgk/lsyg/210.htm。

共产党还认为,应该实行教育与生产劳动相结合的大众教育,以实现"工农大众知识化,知识分子劳动化"。早在苏区的红军大学里,毛泽东就提出要发展大众教育:"使苏维埃政权下的全体干部都能够劳动,使苏区的广大工农都能识字有文化,知识分子与劳动者结合为一体,以便为将来完全消灭智力劳动与体力劳动之间的分别和对立创造条件。"[53]140 这一点也被列入延安大学的教育方针中,"实行教育与生产结合,以有组织的劳动,培养学员的建设精神,劳动习惯与劳动观点"。

日伪统治的东北和台湾的大学"不注重学术上的研究,以养成实用人才为中心,要使每个人在社会生活中能够尽他自己的职分"[54]108。这些学校在课程设置上均遵循日本统治者所颁的"新学制","减少了普通文化课和基础科学课的分量,增加了实业课门类及时数,取消了数、理、化基本知识的系统讲授,强调职业科目的实际操作"[54]107。

由上述可见,不同地区的办学理念与模式存在明显的差异,这成为20世纪50年代中国共产党彻底改革高等教育的理由之一。

二、高等教育存在的问题

国民政府治下的高等教育发展较快,但也存在一些问题。比较突出的有:地理分布不平衡;文、实科的系科比例和招生比例不平衡;学校规模小。

1. 高等院校地理分布不平衡

20年代,大学数量增多,但地理分布不平衡的现象也越来越严重。到1927年前后,高等学校分布形成了以京津、沪宁两地区为中心,偏东南沿海的格局。截至1931年9月,有40所大学集中在上海、北平、南京、天津、广州和成都六城市,占全国大学总数的67.8%,学生(27 424人)占全国大学生总数81.1%。其中,上海有13所,为全国总数的22%强,学生为29%强;北平有12所,为全国总数的20%强,学生为31.4%强。若以省计,江苏省有大学19所,河北省有18所,两省共占全国大学总数的62.7%。[55]146

抗战爆发后,大学内迁使得高等教育地理分布的不平衡有所改变。比如,清华、北大和南开内迁昆明,组成西南联合大学。北京师范大学、北洋工学院和北平大学内迁陕西,组成西北联合大学。到1939年,四川有20所高校,广西有7所,云南、贵州、湖南、陕西、福建各5所。不过,原内迁的高校在抗战胜利后纷纷回迁，高等教育的分布继续呈不平衡的状态。1947 年高校数量超过 10 所的省市有北京（13）、上海（36）、江苏（21）、湖北（10）、广东（16）、四川（21）。

2. 文、实科比例不平衡

无论是院系设置，还是师资分布以及学生培养，民国时期的大学都存在着文科和实科比例明显失衡的问题。从院系设置上看，在全国专科以上学校中，以学院计，文者占 59％，实者占 41％；以系而言，文者占 58.4％，实者占 41.6％。这种文实科失衡的现象又以私立大学最为严重。在私立大学中，文科类的学院数量为 41，系科数量为 164，远远高于实科类学院和系科的数量。所设实科类院系主要是理科和医科，农科和工科所占的比例较低。如在 1942 年专科以上学校设置了 18 种 26 个工科系，属于私立学校的仅有 5 个。[56]师资方面也是文多实少。全国各类教师中，文科占 26.2％，为最多，法科占 17.3％，理科占 13.9％，工科 6.9％（共 490 人），农科占 2.9％，为较少。[57]1485

表 2-1　1931 年大学的院系构成情况①

学校类别		院数（科数）		系数（组数）	
		文类	实类	文类	实类
大学	国立	28	27	111	111
	省立	14	12	36	40
	私立	41	24	164	92
学院	国立	1	2	1	3
	省立	8	3	23	6
	私立	18.5	8.5	60	29
专科	国立	2	—	6	
	省立	4	9	9	19
	公立	3	2	3	3
	私立	10	—	24	—

———————

① 根据《全国二十年度专科以上学校之编制》，见《第一次教育年鉴》，第 1530 页，文、理、工学院合称者则各以半院计算，专科以科数、组数计算。

学生文、实科分布的比例也很不均衡。据 1930 年度统计，全国专科以上学校学生中，文科与实科之比约为 3：1。各类中以法政者占 37.2%，为最多，工程占 9.3%，理科占 8.9%，农科最少，占 3.2%。抗战时期，实科类学生数量不断增长，特别是国立和省立大学中实科类学生的数量有很大提高，超过了文科类学生的数量。据 1947 年统计，国立大学中，文科类学生数量为 30 940 人，实科类学生数量为 37 853 人；省市立大学中，文科类学生数量为 5 123 人，实科类学生数量为 7 123 人。在私立大学中，仍以文科类的学生为多，为 43 409 人，而实科类学生数量仅为 14 697 人，差距较大。[58]1402

3. 高等教育规模偏小

到 1930 年，公立和私立院校的数量比 1911 年增加了 20 倍以上，学生数量增加将近 100 倍，经费增加了 40 余倍。[59]1931 年中国大学数量达到 103 所。然而，学校规模小，专科以上学校中平均学生数只有 430 人，远低于世界各国每校平均学生数为 1 000 人左右的水平。10 所规模较大的大学 1932 年毕业生的人数分别为，清华 139 人，燕京大学 214 人，北京大学 251 人，中国大学 298 人，民国大学 461 人，南开大学 39 人，光华大学 79 人，交通及暨南大学均 224 人，齐鲁大学 38 人，合计 1 900 余人，尚不及外国一所中等大学毕业生的数量。[55]264 中国教师总数为 7 100 人左右，平均每百名学生中的教师数为 16 人，远高于世界上每百人中教师平均数为 10 人的比例。[57]1483 这种状况长期未得到改善，到 1947 年，全国 207 所大学中，学生数在 300 人以下的就有 82 所，在 300 到 500 人之间的有 30 所，千人以上的大学仅有 51 所。

大学的教学也存在很多问题。一些大学的课程设置纷繁重叠，名称五花八门。普通课程和专门课程的比例不一，专门课程占总课程的比例多的达 86%，少的仅 65%。每周授课的时间也不一致，多的学校每周 40 课时，少的仅 22 课时。同一系科的课程在不同的学校中存在很大差异，以 1936 年前后北洋工学院、中央大学、上海交通大学、私立焦作工学院土木系课程设置为例，多者如北洋工学院的土木系，前三年学习 40 门课程；少者如私立焦作工学院仅开 27 门课程。

三、民国时期的高等教育改革

高等教育不能满足国家建设需要，受到社会各界的批评。1929 年召开的国民党第三次全国代表大会批评大学教育偏重高玄浅薄的理论，未能以实用科学促生产发展。国联教育考察团对中国高等教育提出了全面而中肯的批评："提倡较高标准的、远远超过贫困国家的条件的学校，而人民最迫切需要的初等教育和职业教育却被忽视了。学校内缺乏社会理想，是一种不直接与周围的生活以及通常获得国家新生的必要条件相联系的抽象教育。这就使中国的人民群众与知识分子之间产生了巨大的鸿沟，前者是文盲，不了解国家的需要，而后者在奢侈的学校受教育，对群众的要求漠不关心。""集中在一个地区的院校的重复性，它们之间没有任何合理分工，几乎做着同样的事情；与忽视科学和技术相比，'法律、政治和文学的学科过度膨胀'，在校的攻读正式学位的学生有59％以上学习法律、政治或文科，6％学习教育学。学习自然科学的不到10％，学工程的为11.5％，只有3％学习农业。"[60]为解决高等教育存在的问题，国民政府曾多次改革高等教育。

1. 主要的改革方案

在历次高等教育改革中，影响比较大的两个方案是教育部的《改进全国教育方案》和陈果夫提出的《改革教育初步方案》。

1930年教育部制定《改进全国教育方案》，以"充实大学内容、提高程度"和"改进大学教育质量、不做数量扩充"为原则，制定了"改进高等教育计划"。计划的主要内容是：（1）学校扩充设备的费用要占全部经费的30％～40％；（2）不足三个学院的国立大学亟宜就急切需要，限期增设学院；（3）凡已设三个学院以上的国立大学，在两年内暂不必增加学院，而应增加学系使各院内容充实；凡同在一区域的国立大学，应互避重复增设院系，已经重复的应由教育部在可能范围内酌量裁并，境内或邻近设有国立大学的省份不得再增设省立大学；（4）国立大学各学院，除共同必修课目及第一年基本课目外，应以主要课目为中心，其他课目为辅助，不得滥设名异实同的课目；（5）专科学校的设立由教育部决定，国立专科学校应设在产业重大的中心地点；省立的由各省的具体需要和产业来决定；（6）派留学生时应注重自然科学和应用科学，公费留学生中实类比例应占十分之七；（7）教育部应调查所需的专门人才数量及推测将来所需的专门人才数，统计起来，作为造就专门人才的标准。遇某种专门人才缺乏时，应扩充学额；某种人才过剩时，应暂时停止招生。[61]

1932年陈果夫又提出《改革教育初步方案》，主要内容包括："（1）中央应即依照十年内之建设计划，规定造就农工医各项专门人材之数目，分别指定各专门以上学校切实训练，以便应用；（2）全国各大学及专门学院至本年度起，一律停止招收文法艺术等科学生，暂定以十年为限；（3）在各大学中，如设有农工医等科，即将其文、法等科之经费移做扩充农、工、医科之用；其无农、工、医科者，则斟酌地方需要，分别改设农、工、医等，就原有经费，尽量划拨应用；（4）在十年之内，中央及各省派遣留学生，规定学科以农、工、医等实用科学为限；（5）关于农、工、医等科之辅助教育，如农场工场医院图书馆博物院等，应充分添置，使学生多得研究及实习之机会。"[62]398

2. 具体的改革举措

由上述方案可见，当时高等教育改革的主要思路是：加强实科教育，发展专科学校，按计划培养人才，规范课程设置和教材，并调整高等教育的地理分布。

为加强实科教育，教育部实施了"文科院系以裁撤为主，对实科院系，则以调整和充实为主"的院系调整，并对公立、私立大学发展实科给予很多鼓励措施。如私立大学发展实科教育可以申请政府的经费补助等。

为加强专门人才的培养，1931年《确定教育设施趋向案》第六条规定："大学教育以注重自然科学及实用科学为原则。"《中华民国教育实施方针》第四项也要求："大学及专门教育，必须注重实用科学。"《专科学校组织法》规定："专科学校之设立，以教授应用科学养成技术人才为限。"[63]教育部还制定了《各省市普设农、工、医专校实施方案》。据此，增设了勷勤工学院、四川农学院、四川工学院、河南省立水利工程专科学校、山东省立医学专科学校和国立西北农林专科学校等。

为加强人才培养的计划性，1938年8月，教育部奉行政院令，联合内政部、财政部、经济部、交通部、军政部及航空委员会组织中央建教合作委员会，规定建教合作委员会的主要任务是对全国人才的培养及使用进行统一规划。具体工作包括：（1）对各部门所需要的技术人员的种类和数量进行登记；（2）依据各部门的需要筹设各大学、专科学校及职业学校的科、系；（3）制定各种专门技术人员的训练方法；（4）与国防及生产建设机关的联络；（5）毕业生分配；（6）调查、登记技术人员。正如台湾学者庄焜明的研究指出的，抗战时期的教育改革的主流是寓实施计划教育于战时教育之中。[55]126

为规范课程设置，教育部组织各科专家制定各院系的课程草案。由于大学各学院及专科学校系科繁复，课程整理工作进展缓慢，到1935年仅颁行医学院课程的暂行科目表。1938年陈立夫任教育部长后仍着力推动高等教育课程规范化，将大学或独立学院的课程分为院级的共同必修科目、分系的必修科目和选修科目三类。其中工学院的共同必修科目表由教育部下属的工业教育委员会拟订，于 1938 年 11 月颁行。在重庆召开全国生产会议期间，经各大学工学院院长和工程教育专家讨论，修正通过了工学院分系必修科目表和选修科目表。这次修订的工学院科目表注重专业训练，而且加强了实习课。以电机工程系的课程设置为例，共同必修科目如数学、物理、化学、应用力学、材料力学等占全部课程学分的 23%，主要课程如电工原理、直流电机、交流电机、电机试验等课程占 22%，基础课和主干课的比例都有所提高。[47]114 在实习方面，规定第一学年设置工厂实习课程，在二、三、四学年的主干课程中都加强实验。每门需要的课程都要求每周实验三小时。

在进行课程改革的同时，教育部还试图规范大学教材。1939 年，教育部成立大学用书编辑委员会，开始按照课程整理的顺序编订大学教材。编辑方法为采选成书、公开征稿、特约编著三种。其中选定的各类教材中理学院有 30 种，工学院有 12 种，农学院有 16 种，医学院有 19 种。这些教材由中国学者编著，改变了过去用外国教材太多的弊端。

为解决高等教育地理分布不均衡问题，国民政府在 1936 年颁布的《中华民国宪法草案》第 136 条中规定："国立大学及国立专科学校之设立，应注意地区之需要，以维持各地区人民享受高等教育之机会均等，而促进全国文化之平衡发展。"当 1945 年抗战胜利，内迁高校复员之际，教育部召开全国教育善后复员会议，其中讨论的要点之一就是"如何利用各级学校复员之机会，使各级学校在地域上作一相当合理之分布，俾全国教育得平衡之发展"。会议拟定了"复员原则"：第一是不准设立新的大专院校。第二是停办或合并者，非必要不准恢复。第三是现有大专院校回迁时"应依据各地人口、经济、交通、文化等条件，一面注重全国教育文化重心之建立，一面顾及地理上之平衡发展，酌予调整，作合理之分布"[55]172。

然而，受抗战和内战的影响，高等教育的多数改革举措并未切实地实行。实际上，国民政府还不能对高等教育做严格的行政管控。大学仍有一定的自治权限，在教育改革中，执行了有些历来为教育界提倡的改革措施，抵制了有些与教育界的主张相悖的举措。在抗战胜利后高校回迁方面，除了西北联合大学分离出来的西北工学院、农学院等校留在陕西外，大部分高校都纷纷"复员"，并未完全遵照教育部的要求。规范课程的改革也非常不力，多数流于形式。

国民政府的高等教育改革举措也表明，20 世纪 50 年代中国高等教育模式的转变受到了教育体系内在动力的驱动，是适应国家工业化建设的一个过程。50 年代以工科专门化教育为重点的调整与民国时期的某些改革方向基本一致。

第二节　高等教育发展方针的确立

　　1949 年 10 月，毛泽东宣告《中国人民政治协商会议共同纲领》为中央人民政府的施政纲领。其中规定："中华人民共和国的文化教育为新民主主义的，即民族的、科学的、大众的文化教育。人民政府的文化教育工作，应以提高人民文化水平，培养国家建设人才，肃清封建的、买办的、法西斯主义的思想，发展为人民服务的思想为主要任务。"这就为高等教育发展方针确定了基调。以此为基础，教育部召开第一次全国高等教育会议。会议明确了大学教育专门化的发展方向，通过了《关于实施高等学校课程改革的决定》《关于高等学校领导关系的决定》和《高等学校暂行规程》等法规。

一、服务于国家建设

　　实施高等技术教育改革，首先要解决其与国家经济建设的关系问题。如前所述，国民政府时期的高等教育发展方向与共产党发展高等教育的理念存在较大差距。改变"知识自为"的发展状态，为经济建设服务就成为建国初期高等教育改革的基本方针。

　　1949 年 11 月 17 日，教育部主持召开华北 19 所高校负责人会议。教育部副部长钱俊瑞在总结发言中对改革方针做了初步归纳："一、高等教育改造的方向是一切服务于国家建设，特别是经济建设。二、业务课程必须切合建设的需要，反对好高骛远、教条主义，但同时要注意科学理论的系统学习，必须做到理论与实际相结合。业务课要实行必要的精简。三、学校领导机关首先要正确掌握政府的文教政策。正确实行民主集中制，走群众路线，同时克服极端民主的偏向。"[21]127-128

　　第一次全国高等教育会议进一步明确了高等教育的发展方针。1950 年 6 月 1 日至 9 日，教育部在北京召开第一次全国高等教育会议，讨论高等教育的方针、任务、课程改革及学制、领导关系等问题，来自各大行政区教育部、全国主要高校的负责人、政府各部门的代表以及苏联专家等300余人出席了会议。周恩来、马叙伦及钱俊瑞等在报告中反复谈及高等教育的发展方针。教育部部长马叙伦在开幕式上发言说："我们的高等教育，必须密切地配合国家经济、政治、文化、国防建设的需要，而首先要为经济建设服务，因为经济建设乃是整个国家建设之本"；"高等学校必须进行系统的与实际相结合的科学理论的教育，并在此基础上，实行专门的科学技术的教育"；"高等学校应该培养全面发展的、有真才实学的、富有分析力和创造力的专门人才。"[64] 钱俊瑞在报告中强调："决不可采取'为教育而教育'，'为学术而学术'，'孤芳自赏'，与国家建设的需要脱节的方针。"[65]190 会议要求建立大众化的高等教育，"培养工农出身的科学技术专家，作为新的坚强的骨干"。关于教育向工农开门的问题，此前中央宣传部部长陆定一撰文表示，中央将把发展工农教育、培养新型知识分子作为文教工作的"首要任务"[66]。这对培养工农出身的、又红又专的技术人才有重要意义。

第一次全国高等教育会议上毛泽东主席、周恩来总理等接见会议代表①

---

① 李国钧、王炳照，《中国教育制度通史》，第8卷，山东教育出版社。

会上，苏联专家阿尔辛节夫结合中国高等教育改革需求，介绍苏联的经验，提出建议。他报告的主要内容如下：

第一，高等教育的任务："苏联在十月革命后，各方面都提出了新的任务，特别是在战胜白党的反抗和帝国主义包围干涉以后，就提出了要从科学技术上赶上和超过帝国主义国家的任务。……斯大林也很看重这个问题。他说：'新的国家必须在经济方面压倒帝国主义，这样就要建设各类工厂，发展经济，并培养各种技术干部（工程师、农业专家、医师……）。'这种任务，首先就放在高等教育上面。为了完成这种任务高等学校就要进行改革，要吸收工农分子来受高等教育，要培养各种专门人才，这种人才不是一般性的，而是具体的培养各种专门人才，如工程师、医师、教师等。为完成这项任务，苏联高等学校的课程进行了大规模的改革，建立起了各种专门学院。现在中国人民在胜利后遇到的任务与苏联当时基本上是相同的，中国高等教育的任务，原则上也和苏联是一样的。"

第二，大学与学院："苏联高等教育的改变，是将大学从培养抽象的广泛的人才改变为培养具体的专门人才的机构。中国教育制度的改革与发展原则上亦应如此。……苏联大学只有三十所，而高等学校共有八百多所。苏联的高等教育重心是放在学院上的。学院培养各种专业人才。这些学院所培养出的人才，在社会主义建设中表现了他们的作用，在卫国战争中更表现出不可估计的力量。中国今天的高等教育亦应朝这个方向发展，即大量的发展独立学院，以适应国家建设需要。"

第三，理论联系实际问题："高等学校要满足人民的需要、国家建设的需要；学校的教学计划，要使一切课程满足培养具体的专门人才的需要；课程内容要与目前实际生活联系起来；进行生产实习。"[①]

会议最后通过了《关于高等学校领导关系的决定》《高等学校暂行规程》《关于实施高等学校课程改革的决定》等文件，确立了高等教育的发展方针。这次会议使高校的代表们理解了中央发展高等教育的方针，后来的改革实践了中央的精神且体现出苏联的办教育经验。

---

① 《阿尔辛节夫在全国高等教育会议上的发言》（记录稿），1950 年 6 月 8 日，教育部档案 1950 年长期卷 4，教育部档案馆。

二、向专门化发展

第一次全国高等教育会议还明确了高等教育专门化的改革方向。实现高等教育专门化的途径有：

提高专门学院的地位。民国时期的独立学院在学制上与大学没有区别，但其地位低于大学。新的《高等学校暂行规程》将大学和专门学院统称为"高等学校"①，这就拉平了大学和专门学院的地位。

业务部门参与领导高校。根据《关于高等学校领导关系的决定》，中央人民政府教育部统一领导全国高等学校，业务部门也可以参与高等教育的管理。那些只与某一业务部门有关或主要与某一业务部门有关的高等学校，在日常行政、教师调整配备、经费管理、设备及参观实习等方面，就由中央或各大行政区人民政府或军政委员会有关部门直接领导。

课程设置实现专门化。要求高等学校以学系为培养专门人才的教学单位，各系课程应密切配合国家经济、政治、国防和文化建设当前与长期的需要，在系统的理论知识的基础上，实行适当的专门化。《关于实施高等学校课程改革的决定》强调实习在大学课程体系中的地位："高等学校应与政府各业务部门及其所属的企业和机关，建立密切的联系，并将这种实习和参观，作为教学的重要内容。"会后不久，教育部成立高等学校课程改革委员会，组织全国各大学的有关专家制定出《高等学校课程草案》。

教学组织实行专门化。要求"应就各项主要课程，组织教学研究指导组，由教师实行互助，改进教学的内容与方法，应有计划有步骤地加强高等学校内研究部或研究所的研究工作，并以此作为培养我们国家的高等学校师资的主要场所"。原有的系科在调整中尽量向专门化发展。如在1950年7月教育部对之江大学调整批示中提出："今后开设新学系，必须日趋专门化，不应拼凑成立。"[67] 1951年8月，教育部要求绥远省设立高级工业学校系科时要"考虑在性质上的单一化原则，设科过于庞杂，恐影响将来发展"。在对南京大学农化系、土木系分组报告的批示中，教育部也一再强调系的分组要以趋向专门化为原则。

---

① 胡建华在其文中称，在1949年以前国民政府的高等教育法令中没有出现过"高等学校"一词，将"高等学校"一词用于高等教育是中华人民共和国建立以后的事情。这也说明《高等教育暂行规程》中"高等学校"一词的使用有特别的意义。

由上可见，通过第一次全国高等教育会议，一方面向高等教育者传递了共产党的高等教育理念，即"培养通晓基本理论与实际运用的专门人才"；另一方面制定了高等教育的组织、管理和教学等多项制度，为50年代初期教育改革提供了依据。

第三节 高等技术教育的初步改造

教育部初期推动的改造主要集中于私立院校。大量的私立院校或被取缔，或被改造分割，其工程类的系科大多被调整到了公立院校。在短短的两年间，私立院校迅速退出高等教育的历史舞台，公立教育迅速发展。此外，各校响应教育部号召，成立教研组，设立某些专门化，实施课程改革等。

一、改造私立院校

新中国建国初期，百废待兴，中央重视在安定团结条件下谋发展。中央认为"改革旧教育是一项艰巨的任务，是一个比较长期的过程，必须经过各级教育的不断改革，积累比较成熟的经验之后，才能进行比较全面的改革"[68]8。北平文化接管委员会接收各类院校时，对国立的清华大学和北京大学原则上是"实际接管而形式上是维持原状，同时宣布必要而且可能的改革"[69]11。对私立院校，中央采取了比较审慎的态度，以"保护维持、逐步改造"为主，并进行必要的接管整顿。当时北平有中法大学、中国大学、朝阳学院、华北文理学院、燕京大学、辅仁大学、铁路专科学校等私立大学。北平文化接管委员会将这些私立大学分为三类，并采取不同的整顿措施。第一类，坚决接管战犯或"反革命首要分子"办的大学，如中国大学和朝阳学院，① 接管后或动员学生参加南下工作团，或鼓励投考华北大学、华北人民革命大学、华北军政大学等，使学生接受新意识形态下的

---

① 中国大学素有国民党党校之称。朝阳学院是民国时期著名的法学院，创办于1912年，创办人是汪有龄，董事长为居正（觉生），是一所以法律、政治、经济等系为主的著名的法科大学，1930年12月因只有一个法科而改称朝阳学院。

高等教育。第二类，调整合并那些办学情况较好或属于工程技术类的学校，如中法大学部分系科调整到华北大学工学院，铁路专科学校并入北京铁路管理学院等。第三类，接收而暂不调整教会办的大学，如燕京大学、辅仁大学和协和医学院。

中美关系的恶化加速了中国共产党对私立高等学校的改革。朝鲜战争爆发后，中国人民志愿军入朝参战，中美陷入敌对状态。教会大学被认为是"美帝国主义文化侵略中国的阵地"，很快成为主要的调整对象。中国政府在数月之内就作出关于教会机构的各种决定和指示，反击西方的"文化侵略"，也回应了美国政府冻结中国在美资产的做法。1951 年 1 月 16 日至 22 日，教育部在北京召开"处理接受美国津贴的高等学校的会议"，制定了接管享受美国津贴的教会大学的政策，要求教会大学转制，不继续接受国外教会组织的任何资助。燕京大学、北京协和医学院、金陵大学、津沽大学等 11 所教会大学转为公立，沪江大学、东吴大学、圣约翰大学、之江大学等 9 所大学改为私立。

马叙伦到燕京大学发表讲话[1]

① 1951 年 2 月 12 日教育部接管燕京大学，燕大学生欢迎中央教育部部长马叙伦等莅校讲话。见《人民画报》，1951 年第 3 期，来源：http://tupian.hudong.com/a4 _ 25 _ 10 _ 0130000043309312636310 9655228 _ jpg.html。

随着教会大学的改造，教育部也着手整顿中国人自办的私立院校。当时私立院校分布最多的是华东地区。从 1951 年 7 月起政府将华东 38 所私立学校合并重组为 19 所院校，其他或改为公立，或被取消，或改为中等技术学校。调整后，私立院校在华东区高校中所占的比例由 50.7％下降到了 32.2％。具体情况见表 2-2。

表 2-2　华东区 1951 年院校调整统计表

类别	公立学校			私立学校		
	大学	专门学院	专科学校	大学	专门学院	专科学校
调整前（1951 年 7 月）	9	17	11	12	12	14
调整后（1951 年 8 月）	11	18	11	8	4	7

（来源：教育部档案 1951 年长期卷 17，教育部档案馆。）

私立院校的招生也受到了限制。在 1951 年 6、7 月间，华东地区先后有 10 所私立院校的 24 个系科接到停止招生的命令。在停止招生的系科中，多数属于文法和教育类，包括 8 个教育系、4 个中文系、3 个社会系、2 个法律系，以及外语系、历史系、新闻系、政治系、家政系、音乐系、师范专修科各 1 个。公立院校停招的系科仅 8 个，包括 5 个农业经济系、1 个教育系、1 个人类学系和 1 个林业专修科。私立院校系科停招的比例远远高于公立院校。

到 1951 年底，全国仅剩下 28 所私立高校。私立大学在高等教育中的地位和影响力大为降低，高等教育已形成以公立为主、私立为辅的新格局。私立院校的调整与合并是高等教育公立化，或者说办学体制单一化的一个过程，这为大规模实施高等教育改革奠定了基础。

二、调整充实公立院校

在私立院校被调整的同时，公立院校得到充实加强，并向专门化发展。教育部长马叙伦向政务院报告："1951 年高等教育的任务是配合国家建设的需要，适当地、有步骤地充实和调整原有高等学校的院系。""首先调整工学院各系，或增设新系，此项工作先从华北和华东作起。"[①] 按照这一思路，工科院校开始小范围的调整。

[①]《关于全国工学院调整方案的报告》，教育部档案 1952 年永久卷 1，教育部档案馆。

　　清华大学应工业部门的要求，设立采矿工程系、水利工程学系和水力发电学系，加上原有的土木工程、机械工程、电机工程、航空工程系、化工系和建筑工程系，工程类的系增加到 9 个，种类比较齐全。工学院还根据工业部门的需要设立一些学制不等的专修科，如接受重工业部、农业部、军委气象局、水利部的委托建立了化工干部班、农田水利专修科、气象观测人员训练班、水利专修科等。北京大学工学院在接收北洋大学北平分部之后有了机械、电机、土木、建筑和化工等系，又增设地质、水利发电、土木工程、建筑工程等专修科。北大工学院创办时间较短，师资力量和办学条件较为薄弱。

　　高校改造的另一种形式是合并同类性质的系科。1951 年 3 月 7 日，教育部召开全国航空系科的负责人会议，对航空系科进行较大的调整。清华大学、北洋大学、西北工学院和厦门大学的航空系合并成立了清华大学航空工程学院；云南大学航空系并入四川大学航空系；原中央工业专科学校航空科和华北大学航空系合并成立北京工业学院航空系。上海交通大学的管理学院被取消，所属系科分别并入原校的工学院以及北方交通大学、上海财经学院。同济大学的动、植物系并入华东师范大学。调整以后，交通大学和同济大学分别变成由理、工两个学院组成的大学。华北地区的北洋大学与河北工学院合并成立了天津大学。调整后的院校更加面向部门的需求。交通大学、同济大学和华北大学工学院主要满足重工业部门的需要；天津大学主要为燃料工业、水利等部门服务；华东纺织学院专门为纺织工业培养人才。总的来看，这一阶段的调整仅是对某些地区、某些院校做局部调整，还不是全面照搬苏联教育模式。

　　共产党接管北平后，将自己办的华北大学工学院迁到中法大学内，并在经费和人力方面给予大力支持。华北大学工学院在管理与理念上有别于清华大学等公立学校。它实行院长负责制，设立党总支，并通过党总支来保证学校行政工作、教学计划与教学方针的贯彻。学校强调"学习技术是为了完成一定的政治目标，学习政治是为了正确地指导所学技术的运用与发挥"[70]90。原中法大学的理工类系科并入工学院，有效地增强了工学院的师资力量，改善了工学院的办学条件。工学院陆续建立内燃机、汽车工程等比较专门的系，有些系还按照生产环节设立专门组，如机器制造工程系设立工具机设计组、生产工程组以及铸造、锻造、热处理等 5 个组。1950年工学院筹建热工、电机、冶金、材料、航空、汽车、化工等专业性实验

原中法大学校园全景

室,从苏联、捷克、民主德国等国家订购大批先进仪器设备。重工业部提供了比较充足的经费,给其他大学教师造成的印象是工学院"经费无限制,随便领"①。为吸引师资,学校向来校工作的教师提供差旅费和安家费,并负责解决住房问题。这些待遇吸引了不少教师前来任教。

华北大学工学院航空系的筹建足以说明该校受到的特殊待遇。在华北大学工学院开始筹建航空系时,教育部已经拟定航空院系的调整计划,决定其他院校必须停止筹办航空系科,冻结各校教师的人事关系。王俊奎先生回忆:在停止筹备北大航空系的同时,组织上让他放弃北大机械系主任的工作,到华北大学工学院担任航空系主任。工学院院长曾毅向他解释:"上级同意我院成立航空系,不管哪一个大学的教师,只要愿意来,都可以调来,在待遇上可以提升一级。"②[71]12 在这种情况下,优秀教师从国内外接踵而来,不到一年时间华北大学工学院航空系就配备了空气动力学、固体力学、发动机、电气仪表等几个专业的教师。航空系得到空军从上海、南京等地调配的航空器材,并通过各种关系要到航空实验室的设备。

---

① 院系调整重点发展问题座谈会,1951年3月30日,清华大学档案馆,1—51004。虽然不可能无限制地随意领取,但也说明当时华北大学工学院的经费相当充裕。这与王俊奎先生的回忆吻合。
② 王俊奎回忆华北大学工学院航空系。

三、制定课程改革草案

1949 年以前国民政府的改革举措并未从根本上改变高等技术教育的面貌，以课程为主的教学改革实际收效甚微。1949 年以后，中央人民政府教育部重新整顿工科课程。

在 1949 年 11 月召开的华北 19 所高校负责人会议上，教育部就提出课程改革的方针："业务课程必须切合建设的需要，反对好高骛远、教条主义，但同时要注意科学理论的系统学习，必须做到理论与实际相结合。业务课要实行必要的精简。"[21]127 据此，各高校开始制定课程改革方案。例如，清华大学营建学系制定了课程改革的若干措施：（1）取消一些与现实生活无关或不必要的课程内容，废除"视觉与图案"中关于"抽象图案"①[72] 的内容，删减"应用力学"的动力学部分与"结构学"的铁路桥梁部分等；（2）合并重复或琐碎的课程，如将"工程材料"和"材料与结构"合并为"房屋建造学"，将一些实用的小课合并为一门课程；（3）加强"建筑图案"（即建筑设计）和"市镇图案"（市镇设计）课程，注重校外实习，将实习延长到一个学期。[73]7 改革显著加强了与实际联系的课程，同时削弱了自然科学与人文方面的基本训练。其实，部分院校的课程改革缺乏周密的计划，带有一定的盲目性。

1950 年初，鉴于各校课程改革中存在的问题，教育部开始统一筹划理工科课程改革，组成课程改革小组，讨论制定《理工学院各系课程草案》。理科课程改革小组由江泽涵、段学复、张青莲、饶毓泰、华罗庚、张子高、王炳章和孙云铸等 16 人组成，工科课改小组由潘承孝、刘仙洲、马大猷、曹本熹、陈士骅、夏震寰和汪德熙等 16 人组成。[74]52 他们主要来自国内著名大学，而不是工业部门，这说明工业部门还没有完全介入技术教育改革。

---

① 在三反运动中，"抽象图案"被认为是讲授"近代资本主义的颓废艺术"的课程，在三反运动后被取消。

高等學校理工兩學院各系課程草案①

制定《课程草案》的主要原则是：第一、适应新民主主义经济建设的需要，力求理论与实际结合，避免教条主义与狭隘的实用主义；第二、重视政治教育，规定政治课为两院首要的公共必修课；第三、精简课程内

---

① 《高等学校理工两学院各系课程草案》，教育部档案 1950 年永久卷 25，教育部档案馆。

容，力求互相联系与衔接，避免烦琐与不必要的重复；第四、统一规定各系课程，开列各系必修、分组必修及选修的课程；但各系可根据自身条件重点发展；第五、以学年制和学时制为基础，取消学分制。第六、重视专门化。[①] 除加强政治课之外，这次课程改革有两个特点：（1）实施专门化教育。如机械系分为动力、制造、特种机械等组，各组的选修课都有侧重，体现出高等技术教育的专门化。其中，动力组课程包括内燃机设计、燃气轮、燃气轮设计、柴油机、汽车工程、蒸汽轮机设计、蒸汽机设计、动力厂、动力厂设计、电力厂、机车学等。制造组的课程主要有焊接学、铸工学、锻工学、冷作工学、金属实验、高等制造实习、工具设计、工具机设计、金相学等（表2-3）。（2）注重实习。再以机械系为例，《草案》规定机械系有三次实习课。第一次是校外工厂生产操作实习，共一年，安排在第一学年。第二次是校内工厂实习，共306学时，可在三年级前的任一学期进行。第三次实习为专业实习，共两个月。第一年的实习以补充高中阶段对生产常识的不足为主要目的。校内实习以精简和提高为主，以专业为主的实习时间较少。这与苏联高等技术教育注重毕业阶段的生产实习和毕业设计有所不同。

表 2-3　《课程草案》中关于机械系的课程安排

	分系必修课	普通物理、微积分、工程化学、工程力学、工程材料、材料实验、校外工厂生产操作实习、校内工厂实习及其理论、工程画、机械工程画、机械原理、机械设计原理、机械设计制图、专题报告
分组必修课	动力组	电工学、电工实验、机械工程实验、工业管理、专业工厂实习、工程热力学、制造方法、蒸汽动力、内燃机概论
	制造组	电工学、电工实验、机械工程实验、工业管理、专业工厂实习、热力工程、金属材料及热处理、机工学、生产计划、工具机械、工具学

---

① 《高等学校理工两学院各系课程草案》，教育部档案1950年永久卷25，教育部档案馆。

续表

选修课	动力组	以内燃机为重点	内燃机设计、燃气轮、燃气轮设计、工程数学、柴油机、汽车工程、流体力学、高等动力学（振动学）、高等材料力学、传热学等有关内燃机各项专业设计之课程
		以蒸汽动力为重点	蒸汽轮机设计、蒸汽机设计、动力厂、动力厂设计、电力厂、高等材料力学、工程数学、流体力学、高等动力学、机车学、水力机械、传热学等有关蒸汽动力设计之专业课程
	制造组		接焊学、铸工学、锻工学、冷作工学、金属实验、高等制造实习、工程数学、工具设计、高等动力学、工具机设计、金相学、高等材料力学、流体力学等有关制造设计之一切专业课程

（来源：教育部档案 1950 年永久卷 25，教育部档案馆。）

《课程草案》比较灵活，仅制定了一些普通的标准，各学校可以根据具体情况加以变通。比如，它规定的自习时数仅是平均数，各校可以根据经验和课程性质自行决定；选修课程仅属举例性质，各校可按具体情况，有系统地自行开设。它并未硬性规定逐年的课程，各校可根据具体情况，注意先修课程，自行排定。[①]

制定这份草案之后，教育部就在全国高等教育会议上通过了《关于实施高等学校课程改革的决定》，要求各校根据《课程草案》和《决定》的意见拟定教学计划和教学大纲，实施课程改革。

第四节 思想改造运动对教育改革的影响

50 年代初，高等学校的院系调整和教学计划、课程设置等方面的改革进展缓慢。思想改造运动促使大学教师转变对教育改革的认识，消解他们对某些改革举措的抵触情绪，为全面展开院系调整做了思想准备。

---

① 《高等学校理工两学院各系课程草案》，教育部档案 1950 年永久卷 25，教育部档案馆。

一、高等教育改革进展迟缓

建国初期的高等技术教育改革需要一个探索的过程，起步阶段进展并不够快。在院系调整方面，自全国高等教育会议以后，工科院校的调整工作取得了一定的成绩。如北洋大学与河北工学院合并为天津大学；厦门大学、北洋大学等校的航空系合并到清华大学成立航空学院；云南大学的航空系合并到四川大学航空系等等。更为重要的是，经过调整的各院系，招收新生数均有增加。如北洋大学与河北工学院合并后可多招 300 名学生。学校的服务对象明确后，更易在经费、仪器设备等方面得到工业部门的支持，增加了教育部实施院系调整的信心。然而，前期的院系调整还没有达到教育部的预期目标，院系之间分工还不够明确。教育部认为，像清华大学、浙江大学等"有比较雄厚的底子，集中了不少理、工专家，仪器设备，在旧中国的大学里算是最好的"学校，却囿于综合性大学的成见，受种种牵制，不能发展，不能发挥它应有的力量。其他如北京大学、南京大学、武汉大学等校的工学院，都有同样情形。若不调整，就很难明确其任务与目标，也就不能发挥其力量。① 另外，哈尔滨工业大学作为学习苏联经验的试点学校，不仅聘请了很多苏联专家，中央和东北政府还为之抽调了其他大学理、工方面的助教，但是由于学校原有的旧俄教员的底子难于改造，学校的工作也遇到很大困难，需要进一步调整。

在教学制度上，还存在着教学工作计划性不足，不够专门化的问题。1950 年教育部审查各校制定教学计划的情况，发现"理论与实际脱节的缺点尚未基本好转，课程编排的计划性也差，大多无系统，无重点，不能达到在系统理论基础上的专门化的目的"②。比如，清华大学营建学系仍延用

---

① 《教育部筹开工学院院长会议的报告》，教育部档案 1951 年长期卷 34，教育部档案馆。
② 《全国高等学校 1950 年度教学计划审查会议记录》，1950 年长期卷 38，教育部档案馆。

1946 年建系时期的课程体系。①[75]46−54 审查小组向教育部建议加强培训师资和充实设备，"在全国范围内建立一两所理工方面的真正能够解决国家建设中的问题，并且能担负起培养师资任务的学校"②。审查小组还认为，教育部应考虑调整校、院、系，以"谋求课程改革工作的更好推进，划一教学标准，编辑教材，解决师资、设备的困难，并加强校、系的联系"③。

1951 年 1 月，教育部组织检查部分院系的教学计划，其中工科类重点检查了 26 所学校的机械系、24 所学校的电机系、23 所学校的化工系、26 所学校的土木系、6 所学校水利系的教学计划。检查结果表明，各校的教学计划普遍存在下列问题：

首先，学时学分不均衡。教育部要求每周学时数不得超过 50 学时，但很多工科院系的学习时间超过 60 学时。各学期的课时安排也不均衡。比如，某些系上学期为 60 学时，下学期 35 学时；或者上学期 40 学时，下学期只有 9 学时。有的学校为凑够 50 学时，不合理地安排自习或实验课的时间。学分和学时也不成比例。有的实验课以 5 学时为 1 学分，而参观实习则以 1 学时为 1 学分。一些学校的理、工系科继续采用学分制。

其次，课程安排不合理，专门化与计划性不够强。有些学校同时讲授"投影几何"与"工程画"，同时开设"基础工程"与"土壤力学"。甚至出现将三、四年级的课程提前到一年级来学，一年级的课程延后到四年级才学的现象。某校电机系电讯组中的专业课"无线电原理""有线电原理""无线电实验"和"电子学实验"也被列为电力组的必修课。此外，多数选修课不够系统。

再次，教学与实际脱节。理工学院的教材大部分是英文本，而且很多

---

① 清华大学营建学系创建于 1946 年，其课程体系由梁思成考察西方建筑教育后制定。当时根据"造就广义的体形环境设计人"的培养目标，营建学系的课程共分为五大部分，分别是文化及社会背景、科学及工程、表现技术、设计课程和综合研究，包括环境与社会、社会学、经济学、建筑史、绘塑史、物理、微积分、力学、材料力学、建筑、投影、素描、雕塑、水彩、视觉与图案、图案、建筑设计概论、结构学、市镇计划、房屋建造、钢筋混凝土、工程地质、业务、论文等课程。"视觉与图案"在原来的课程安排中仅占 1 学分，"结构学"中"铁路桥梁"部分本来不是重点。关于清华大学营建学系的课程，可参见梁思成《清华大学营建学系学制及学程计划草案》，见《梁思成全集》第 5 卷，第 46～54 页。
② 《全国高等学校 1950 年度教学计划审查会议记录》，1950 年长期卷 38，教育部档案馆。从后来的发展情况看，清华大学和哈尔滨工业大学首先承担了上述任务。
③ 《全国高等学校 1950 年度教学计划审查会议记录》，1950 年长期卷 38，教育部档案馆。

课程内容以国外、古代的资料为主，与中国的实际情况有距离。对实习课重视不够，一般都缺少关于实习课、实验课和假期实习的具体规定。许多院校因设备差而无法开设应开的实验课程，即便能够开设，实验的分量也不足。有些学校在教师和设备方面不具备办系的条件。

教育部领导认为，院系调整难于实施，教学改革难以推行与教师们的思想认识有很大关系。1951 年，钱俊瑞副部长在《高等教育改革的关键》一文中分析了教师的思想意识对教育改革工作的影响："如果高等学校的教师们还是服膺着英美资产阶级的反动思想，还是固执着自己的个人主义、客观主义和宗派观点，而得不到确实的改造，那么一切高等教育的改革工作，诸如院系调整、课程改革、教育法的改进等等，都是难于进行和贯彻的，一切关于改革高等教育的决定和规章就难免不成为具文。"[21]478《人民日报》社论指出，两年以前，在全国高等教育会议上即曾提出了调整院系的问题，但是两年来这一工作很少进展，这主要是因为许多教师在思想上还严重地存在着崇拜英美资产阶级、宗派主义、本位主义、个人主义的观点，没有确立全心全意为人民服务的思想，因此就不能很好地贯彻执行新民主主义的教育方针。[76]为此，借着"三反运动"，对高校教师进行了全面的思想改造。

二、思想改造运动推动教育改革

新中国建立后，知识分子面临着适应新的制度与新意识形态的挑战，对新政权所采取的一些改革举措理解认识不够，多数大学教师在发展高等教育的理念上与新政府的要求存在明显分歧。他们普遍深受欧美通才教育模式的影响，认为大学应该独立自主发展。他们不随国民政府迁往台湾，这并不意味着信仰共产主义，或者对共产党的政治理念有多少了解。教育部提出按照苏联大学制度，将大学分为文、理、法的综合性大学和工学院的调整方案，清华大学、北京大学和燕京大学的教授们就有异议。他们认为，大学应是"全面的、向上的、创造的"，"学术的研究成份应当重于实用的技术成份"；大学应该走综合化的道路，工学院不应与文法学院分离；大学教育训练的是在通才基础上具有创造力的人才，而不是狭隘的实用人才。在北洋大学与河北工学院的合并、航空院系等调整工作中，部分教师也提出了反对意见。这些分歧为后来的思想改造运动埋下了伏笔。

1951 年暑假，北大校长马寅初组织全校教师进行政治学习，目的是改造思想，改革高等教育。马寅初把北大政治学习计划呈报给毛泽东后，毛泽东指示全国各大学均可依此组织政治学习。教育部决定先由京津高等学校开始，取得经验后再推广到全国。为此，教育部组织成立了包括各主要大学负责人及有关代表组成的京津高等学校教师学习委员会，领导这次学习活动。教师学习运动迅即在京津地区展开，后又席卷全国。1951 年 11 月，中共中央发出《关于在学校中进行思想改造和组织清理的指示》，要求在学校教职员和高中以上学生中进行自我教育和自我改造，以树立为人民服务的思想。

政治学习活动初期比较温和，以知识分子间的批评和自我批评为主。1952 年初，中央决定把思想改造运动和"三反"运动结合起来，认为"三反"运动是"最实际的思想改造"[69]96。教授们"在大会、小会上一次又一次地作检讨，一面用广播、大字报揭露他们的劣迹，一面发动许多青年党团员（助教、学生）给这些人'搓背'。在检讨会上通不过，再跟到老教师的家里去，观察他们的言行，只要有一言半语不合，第二天在检讨会中再加上新的罪名。"[77]这场演变成一种带有群众批斗式的政治批判运动的思想改造使一些教师受到伤害。许多著名知识分子如钱伟长、周培源等人均公开作自我批评。1952 年秋，思想改造运动进入尾声。通过自我批评、相互批评以及群众揭发等方式，教师们在压力下转变思想认识，放弃对院系调整的异议。按照高教部副部长曾昭抡的说法，抵制活动烟消云散，调整能更顺利地进行。[78]24

为了巩固思想改造的成果，教育部在高校建立政治辅导处，"以加强政治领导，改进政治思想教育，开展马克思、列宁主义的思想建设工作，为全国高等学校教育事业打下坚强的政治基础"[79]176。政治辅导处有多方面的职能，如负责指导教职工的政治理论学习、教职工和学生的社会活动，协助教务处指导马列主义课程的教学，负有掌握教职员工和学生的政治情况、管理教职员和学生的历史、政治材料，主持毕业学生的鉴定、参加毕业生的分配工作等使命，掌握着教职员的聘任、升迁和奖惩等工作。政治辅导处是中国共产党加强思想政治管理而独创的机构。这一举措降低了大学在学术上的自主权。

1952 年 7 月，教育部基本完成了高等教育"苏化"改革的各项准备工作，开始对各大区的高等院校进行院系调整。

第三章　高等技术院校的调整方案

1951 年的全国工学院院长会议制定了《全国工学院调整方案》，主要是将综合性大学的理科及其他系科调整出去，以建立多科性工学院；合并某些同类的工程系科，以建立专门学院。在这个方案的基础上，教育部拟定《1952 年全国院系调整方案》。在院系调整方案形成过程中，清华、北大、燕京大学三校的调整方案酝酿最早，并直接影响到全国院系调整方案的思路，其中清华大学的调整充分反映了教育部建立多科性工学院的举措。

第一节　全国工学院院长会议及分系专业会议

1951 年 10 月 11 日，李富春在全国工业、交通部门专业会议上做《关于明年工业、交通生产方针的报告》。报告中要求各部门的人才培养要有计划，避免盲目从事。这是针对当时各工业部门在 1951 年前后自行办理的各种专科学校而言的。李富春在报告中说："在建设的道路上，培养人才是一个首要的任务。……培养国家建设人才要从两方面着手。首先必须把现有的人才，在实际工作中提高。……其次是培养新的人才，培养新人才要统一计划，认真办理，不能各搞一套。"他还特别提到："中财委准备在 11 月拟出一个全国性的工业、交通的培养人才的计划，如果没有一个总的计划，各部从局部出发就会发生盲目的现象。"[24] 为统一筹划人才培养工作，教育部决定召开全国工学院院长会议，以解决高等技术教育与工业化建设之间的矛盾。1951 年 11 月间，教育部召开全国工学院院长会议和分系专业会议，在这两次会议上形成了关于全国工学院院系调整的基本思路。

一、全国工学院院长会议的筹备

召开全国工学院院长会议之前，教育部已对各工学院的情况进行了详细了解。首先，1951 年 4 月教育部在北京召开京、津、唐工学院领导联席会议。据魏寿昆院士回忆，当时参加会议者至少有二三十人，他们大都是各学校工学院的负责人或者主要的教授。会议上午由清华大学工学院院长施嘉炀主持，下午由北洋大学工学院院长魏寿昆主持，各位院长或教授轮流报告工学院情况，教育部派专人做记录。同期华东地区也召开本地区各公立高等院校工学院的院系调整会议。[①][4]92 其次，教育部组织了对全国工学院系科的调查，系统整理出《全国设有工学院系科的高等学校统计表》《全国高等学校工学院系科设置情况表》《全国高等学校工学院系科数分区统计表》《全国工学院教师人数统计表》《全国工学院各系学生人数统计表》《全国工业专科学校各科学生人数统计表》《全国工业专科学校各科教师人数统计表》和《全国工学院各系概况》等材料。再次，召开全国工学院院长的预备会议。1951 年 10 月，教育部联络各工业部门召开一个预备会议，了解各部门对高等技术教育改革的要求。经与重工业部、燃料工业部及其他有关部门协商，教育部确定了院系调整的原则，主要有："必须采取长期培养与短期训练相结合的方针，今后五年到十年内以短期训练为重点；师资设备分散的情况必须改变，以集中人力和物力合理使用；要求各院校所设系科应切合工业建设实际需要，更加专门化；遵守节约原则，反对浪费。"[80] 就在这次预备会议上，教育部根据各部门的意见，初步拟定如下调整方案：

（1）将清华大学改为多科性的工业大学，校名不变。第一步把该校文、法两院并入北京大学，把北京大学工学院及燕京大学的土木系并入清华。第二步将哈尔滨工业大学的苏联专家及研究生全部调到清华大学，以加强该校的工作。

（2）将浙江大学改为多科性的工业大学，校名不变，把之江大学的工学院土木、机械两系合并入浙大，另把浙大的文学院合并于之江大学成立师范学院。

---

① 关于华东区工学院会议的相关情况。

教育部关于召开工学院院长会议的报告①

（3）将南京大学的工学院独立出来，成立南京工学院，并将金陵大学的电机工程系与化学工程系及之江大学的建筑系合并进去。

（4）将武汉大学矿冶工程系、湖南大学矿冶系、广西大学矿冶系、南昌大学采矿科调整出来，在湖南适当地点成立矿冶学院。

（5）如条件成熟，拟将重庆大学、南开大学、中山大学、武汉大学、

————————

① 《教育部关于召开工学院院长会议的报告》，教育部档案 1951 年长期卷 36，教育部档案馆。

山东大学等校的工学院逐步独立出来，并将全国学院若干系、科加以调整与加强，如指定若干学校加强兵工工业、汽车、船舶制造等工业系、科。[①]

二、全国工学院院长会议的召开

1951年11月3日，全国工学院院长会议开幕。来自18所综合大学和10所工学院的院长、教务长、各大行政区教育部门代表、工业部门代表参加了会议（见表3-1），其中工业部门代表占了很大一部分。会议期间，教育部还邀请重工业部副部长何长工、燃料工业部副部长刘澜波等人到会作报告。

苏联专家阿良木斯基、顾林等人出席会议，分别作《苏联高等学校的生产实习、学校与生产部门联系问题》《高等学校的一般组织和培养教学干部及科学研究干部的问题》的报告。阿良木斯基在报告中说："中国高等工业教育的改革一定要吸取苏联的经验"，"苏联经验不仅适用于哈尔滨工大而且可以推广到全中国"。顾林介绍说："在苏联没有一个高等学校是包括很多系科的，因为这样会使得学校组织工作困难。苏联也有综合性工业大学，但是国家在最近若干年来尽量想法设立专门的学院而不新设综合性工业大学。当然过去已有的综合性工业大学也不取消，还是继续存在下去。"[②]

表3-1　参加工学院院长会议的学校和部门

类别		单位名称
学校	综合大学	北京大学、清华大学、燕京大学、南开大学、山西大学、南京大学、同济大学、浙江大学、山东大学、武汉大学、中山大学、湖南大学、广西大学、南昌大学、重庆大学、四川大学、贵州大学
	工学院	天津大学、华大工学院、唐山工学院、矿业学院、交通大学、山东工学院、哈尔滨工业大学、大连工学院、东北工学院、西北工学院
生产部门		东北工业部、华东纺织工业部、重工业部、轻工业部、燃料工业部、纺织工业部、铁道工业部、邮电部、交通部、水利部、地质工作委员会

（来源：教育部档案1951年长期卷34，教育部档案馆。）

会上，曾昭抡宣布《1952年高等工业教育院系调整的方案》，其主要

[①]《筹开工学院院长会议报告》，教育部档案1951年长期卷34，教育部档案馆。

[②]《苏联顾林教授1951年11月10日全国工学院院长会议上的报告》，教育部档案1951年长期卷34，教育部档案馆。

内容与预备会议拟定的方案相同，没有多大变化。① 清华大学变成一所大规模的多科性工业大学，重点为工业建设培养人才，1952 年计划招收 3 000 名或更多的新生。清华大学的理学院主要为工学院服务，同时研究工业建设问题和培养理科师资。浙江大学也改为大规模的多科性工业大学，1952 年计划招收 1 500 名至 2 000 名新生。南京大学的工学院独立成南京工学院，并吸收金陵大学的电机系和化学系及之江大学的建筑系，发展机械、电机、土木、水利、建筑等系，其本科一年级及专修科若干基础课程仍由南京大学理学院承担，1952 年拟招收 2 000 名或更多的新生。武汉大学矿冶工程系、湖南大学矿冶系、广西大学矿冶系、南昌大学采矿科被调出，在长沙组成矿冶学院。该学院重点发展有色金属的开采与冶炼，适当兼顾煤矿与钢铁生产的需要，1952 年开始大规模招生。华东的三个航空系被调整成一个规模较大的航空工程系或学院，并准备设在上海交通大学。西南工专航空工程专科拟并入北京工业学院。教育部认为，如果 1952 年重庆大学、武汉大学等工学院的调整条件成熟，也可以调整出来，或把个别校工学院或个别系科并入，成立独立的工学院，以发挥更大的力量。另外，同一地区的工学院的系科应该合理调整，并应该有分工，各校都有自己的重点。

来自大学的代表们未对教育部的调整方案提太多的反对意见，普遍表现出来的态度是："逐渐认识到国家工业建设的重要性，认识到苏联科学的先进经验超过英美，认识到国家财政之困难等。最初不大愿意调整的变为认为调整是光荣，不被调整反而懊丧了。"② 北大和清华的代表对教育部拟定的清华、北大、燕京三校调整方案纷纷表示拥护。北大工学院的教师在 11 月 5 日写给马叙伦的信中表态："愿意克服一切困难，很好地贯彻中央人民政府教育部的这个决定。"清华大学的教师致信毛泽东，表示将把教育部的决定"当作自己的愿望和决定，当作毛主席交给的一件光荣的政治任务，全心全意地贯彻和执行。"[80]

会后，教育部党组将调整方案上报中央，得到了中央的认可。毛泽东对方案做批示："我认为可行，请周酌定，并通知各大区照办。"李富春批示："此方案我是同意的。"[81]

---

① 《第一步改革高等工业教育的初步方案，曾昭抡 1951 年 11 月 5 日在全国工学院院长会议上的报告》，教育部档案 1951 年长期卷 34，教育部档案馆。
② 《关于全国工学院调整发展方案的报告》，中央档案馆。

三、地质、采矿和冶金分系专业会议

全国工学院院长会议结束后，教育部于 1951 年 11 月 9 日到 17 日组织召开地质、采矿、冶金三系的分工会议。会议代表共 86 人，其中有 31 人来自工业部门。此次会议的目的是"根据工学院院长会议的精神，更进一步密切配合各产业部门对专业干部的需要，结合着全国地质、采矿、冶金三系的现有具体情况，作可能与必要的调整，明确重点分工及各系的任务"①。苏联专家在会上作报告，并提出建立专门学院的建议。苏联专家阿良木斯基认为："现阶段中国的矿冶高等教育的情况是比较零散的，如地质、采矿、冶金等系不仅在中国各工学院里都有，而且也重复地设置在各个普通大学中，降低了教学的质量。因此为了专业化，应当成立包括有采矿、冶金方面科系的采矿和冶金学院。"②

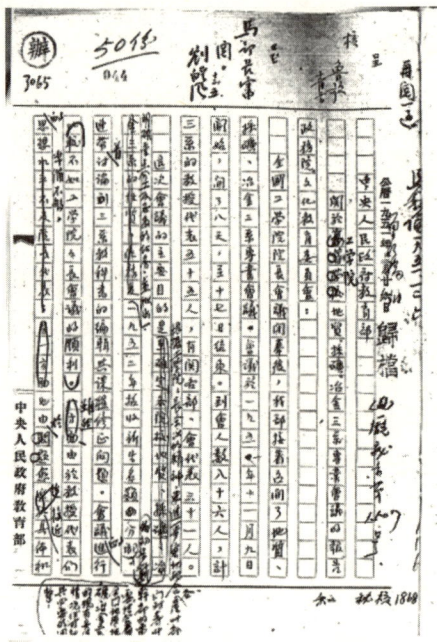

教育部关于召开地质、采矿、冶金三系专业会议的报告③

---

① ③《教育部关于召开地质、采矿、冶金三系专业会议的报告》，教育部档案 1951 年长期卷 36，教育部档案馆。
②《地质、采矿、冶金三系专业会议座谈会记录》，北京大学档案馆，GXY0000180。

　　对于当时各大学中设立较多而且分工不明确的矿冶系，教育部决定先将原有的矿冶系分为独立的采矿系和冶金系，再将各大学的采矿系和冶金系进一步分工。其中，山西大学矿冶系的采矿部分调整到西北工学院，西北工学院采矿系冶金组调入山西大学。重庆大学的矿冶系分为采矿及冶金两个系。中南地区的武汉大学、湖南大学、广西大学、南昌大学四校的矿冶系合并成立独立的矿冶学院。在此基础上，各地的采矿系、冶金系再行分工。其中冶金系的具体分工为：天津大学、重庆大学冶金系以钢铁冶炼、金属加工为主要任务；东北工学院注重钢铁冶炼、有色金属加工；哈尔滨工业大学重点为黑色冶炼与轧钢、热处理；山西大学、华大工学院以钢铁冶炼为主；唐山工学院的冶金系、交通大学冶金组偏重于金属加工。在中南区新成立的矿冶学院侧重于有色金属的开采与冶炼，兼顾煤与铁。清华大学冶金部分的师资调整到天津大学和中南地区新成立的矿冶学院。

　　通过全国工学院院长会议及地质、采矿、冶金三系的分工会议，工科院校的分工开始逐步明确，为随后制定全面的院系调整方案打下了基础。

四、工业部门对调整方案的影响

　　继地质、采矿、冶金三系专业会议后，教育部又组织召开了机械、化工方面的分工会议。各工业部门的代表分别参加了这些分系专业会议，并就系科分工和调整提出了相关意见，对教育部的调整方案产生了一定影响。以全国地质系分工方案为例，初期方案由地质工作计划指导委员会拟订，教育部对此进行了修改。关于地质系分工的前后两个方案如表3-2。

表3-2　全国地质系分工方案

学校	地质委员会初拟方案	教育部最终确定方案
北京大学	综合地质系	综合地质系
清华大学	矿山地质系、工程地质系	矿山地质系、工程地质系
天津大学	矿山地质系	石油地质系、矿山地质系
中国矿业学院	地质系并入天津大学	煤田地质系
东北工学院	矿山地质系	综合地质系、矿山地质系
西北大学	石油地质系	石油地质系
山东大学	综合地质系	矿山地质系

续表

学校	地质委员会初拟方案	教育部最终确定方案
南京大学	矿山地质系、工程地质系	综合地质系、工程地质系
中南矿冶学院	矿山地质系*	矿山地质系
中山大学	综合地质系、工程地质系	综合地质系、工程地质系
重庆大学	综合地质系、矿山地质系	石油地质系、矿山地质系

（来源：教育部档案1951年长期卷36，教育部档案馆。 注：带"*"中南矿冶学院当时尚未成立，地质委员会建议将武汉大学矿冶系的部分师资调入，将来为采矿系服务。教育部决定成立矿山地质系。）

通过两个方案的对比，可以看出教育部在地质系分工类别、数量上采纳了地质委员会的建议，但也做了一些调整，一是在石油地质系的分布上，当时地质委员会考虑到石油地质方面的师资极为匮乏，有经验的人员几乎全集中在西北地区的石油管理总局，所以建议在西北大学集中办理石油地质系。但教育部要兼顾天津大学、西北大学和重庆大学石油方面其他系科的发展，决定在这三校分设石油地质系。二是就中国矿业学院地质系的调整问题。当时地质委员会建议将中国矿业学院的地质系并入天津大学，以加强天津大学的力量，教育部则决定中国矿业学院地质系设为煤田地质系，师资不外调。从地质系科的发展来说，中国矿业学院和天津大学全部位于天津，地质系的集中办理是十分有必要的。但从实际发展来看，中国矿业学院是采矿专门学院，地质系调整出去不利于学校的长期发展，如苏联专家指出："苏联采矿学院里一定有地质，因两者课程很相近，如采煤工程师或金属工程师必须明了地质情况，所以即算没有地质系，也必须学地质方面的课程；同样地质系的学生，也一定要知道采矿方法，如何施工等，否则就无法回答采矿方面的一系列问题，根据上述情况故地质采矿两者必须有并立的需要。"从石油地质系和中国矿业学院煤田地质系的调整，也可说明工业部门和教育部两个部门看待问题的不同视角，作为专业部门，地质委员会考虑问题时主要从行业内部出发，而教育部门则需要综合考虑多方因素，尤其是学校各专业的配套发展。但随着全国工学院院长会议的召开和院校新领导关系的建立，工业部门对工科教育的影响越来越大，教育部门在工科教育管理方面的权力则逐渐被削弱。

第二节　院系调整方案的形成

1952 年 4 月 16 日教育部公布《全国工学院调整方案》，同年 5 月公布《全国院系调整方案》，酝酿多时的院系调整方案基本确定。根据调整方案，将大量建立工业类的专门学院和多科性工学院。如根据调整方案，决定将清华大学理学院调整到北京大学，清华大学改设为多科性工学院；在长沙建立专门的矿冶学院，并在北京建立地质、冶金、石油等专门学院。这与 1951 年 11 月召开全国工学院院长会议及分系专业会议期间形成的方案有很大差别。那么，教育部的调整思路为何发生了变化？哪些因素左右了教育部调整思路的变化？这是本节讨论的主要问题。

一、对综合大学的调整方案

如何调整综合性大学是院系调整方案要解决的一个重点问题，清华和北大的调整对全国综合大学调整方案的形成起了示范作用。

1. 清华和北大调整工作的早期酝酿

共产党在接管清华和北大的初期就想对它们做调整，考虑让清华大学重点发展理工科，将北京大学发展为以文、法科为主的综合性大学。1949 年 3 月 14 日北平文化教育接管委员会召开"大学教育座谈会"，在会上讨论了北平各国立大学的调整问题。当时的调整思路是：将北平的高等学校合并为 4 校两院，即以北京大学、华北大学以及其他学校的文法科为基础构建社会科学和文学类的大学；以清华大学为基础，合并各校的理、工院系组建理工大学；以北京师范大学为基础，合并各校的教育系成立师范大学；华北医大和北平各医科学校合并组成医科大学。农学院由各大学的农学院以及农场合并成立，[①] 铁路方面的则全部合并组成铁路学院。当时文化接管委员会之所以提出这样的思路，主要是考虑到北京大学文、法两方面的基础好，每年报考北大文、法科的学生较多，而清华大学的理、工科发展得

---

① 据何东昌回忆，当时将这三校的农学院合并也是因为新建的中央党校要使用清华大学农学院的校舍，所以才将这三校的农学院合并，在北大农学院旧址建校。

好，招生人数较多。

会后，文化教育接管委员会将调整方案上报中央。中央认为条件还不成熟，一是"清华大学教授中的门户之见甚深，主张调整的进步教授占少数"，不宜立即进行调整合并；二是像华北大学这样的学校在建国初期还需要担负短期政治训练班的任务，与北大的性质不同，也不宜立即将两校合并。中央采取了比较审慎的态度，建议先做准备工作，在清华、北大这类学校中先逐渐"吸收一批社会科学、文学的进步教授，先打些底子，以便将来合并时能占优势"[69]。

随后北大和清华各自在校内酝酿院系调整。北京大学计划保持理学院、法学院基本不变，将文学院的图书馆专修科改为图书馆系，博物馆专修科并入史学系，工学院由原来的 5 个系扩建为 8 个系，分别是机械制造、动力机械、电力、电信、土木、水利、建筑、化工诸系。清华大学计划将从原有的 4 个院 22 个系扩展为 14 个院 43 个系。[21]461-474其中工科院系的方案如表 3-3。

表 3-3　清华大学工科系的调整方案

学院名称	学系组成
化学科学及工程学院	化学系、化学工程系、燃料工程系、冶金系
地质采矿学院	矿山地质系、石油地质系、采煤工程系、石油钻采工程系
土木工程学院	水利工程系、结构工程系、筑路工程系、水力发电工程系、卫生工程系
机械工程学院	机械制造系、汽车工程系、原动力工程系
电机工程学院	电力工程系、电机制造系、应用电子学系
营建学院	建筑系、市镇计划系
航空工程学院	飞机设计方面、飞机发动机方面（系名未定）

（来源：《院系调整后的院系组织表》，见《清华大学史料选编》第 5 卷上，第 472 页。）

在制定调整计划的过程中，清华大学校委会还拟定了一个基本原则，即"本校为综合性大学，现阶段以发展理工为主，在文法中以发展财经为主；根据本校现有的人力与设备进行校内调整，调整后之教学进行以在最近一两年内不增人员不增设备为条件，至少也要做到少增设备少增人员。"① 从调整原则来看，清华大学校委会旨在保留清华大学的综合性和独立性，同时限制其他大学的院系和师资并入清华。如当时清华大学教务长钱伟长在反右运动的检讨书中提到："那时我的主导思想是清华本位思想，政府要全面看问题，从生产建设的需要看问题，而我却是强调本位，只想以校内调整的方式来代替院系调整。我主张分十院三十二个系。"[82]钱伟长也因"抗拒院系调整、抵制教育改革"而在整风运动中被批判。

清华大学之所以在本校的调整方案中明确提出校内调整，以及少增设备少增人员，应与当时北大土木系的一个提议有关。在两校各自拟定调整方案期间，北大工学院土木系的教师考虑到两校工学院性质相同，很多教师之间存在着师友关系，而且如果不主动提出调整到清华大学，将来有可能被调整到不熟悉的院校。为此，他们在1951年3月30日召开的北大工学院土木系院系调整重点发展问题座谈会上提出"理工可并入清华，文法可并入北大"的调整意见，并将意见上报教育部。② 教育部对北大土木系的意见十分赞同，但后来又以经费不足、不能添盖校舍为由拒绝了两校土木系合并的要求。根据《人民日报》刊载的陈士骅的《我的资产阶级思想怎样阻碍了院系调整》一文中所提及的，此举应是遭到了清华大学部分教师的反对。教育部以经费不足为由拖延调整工作主要是为了避免一些教师的反对。[83]

2. 清华、北大、燕京三校调整方案的形成

显然，这两校的调整思路与教育部提出的"本着办好高等教育，紧密配合目前的各项建设需要，自动地进行调整院系，或者是几个院校在集中人力、物力，统一分工的原则之下，进行协商，联合办学"③ 的原则相差甚远，未得到教育部的认可。1951年夏，对教师的思想改造运动徐徐展开，教育部开始着手对清华和北大的调整工作。教育部先与清华、北大和燕京三校的部分教师座谈，提出三校调整的意见。参与座谈的人员有北大的马寅初、汤用彤、许德珩、钱端升、张景钺、马大猷，清华的张奚若、叶企孙、周培源、吴晗、陈岱孙、潘光旦，燕京的陆志韦、翁独健、蒯伯

---

① 《调整院系的初步计划》，清华大学档案馆，1—51004。
② 《院系调整重点发展问题座谈会》，清华大学档案馆。
③ 教育部档案1951年长期卷38，教育部档案馆。

赞、严景耀、褚圣麟。[81] 在清华大学参加座谈的人选中，张奚若、吴晗、陈岱孙、潘光旦分别是清华大学政治学系、文学系、经济学系、社会学系的教授，叶企孙和周培源均是清华大学物理系的教授，前者时任清华大学校务委员会主任委员、理学院院长，后者则是清华大学校务委员会副主任委员，兼教务长。

在与三校教师座谈的基础上，教育部党组于 1951 年 8 月重新拟订了对清华大学和北京大学的调整计划，方案如下：

"1. 北京大学以现有文、法、理院系为基础向综合性的大学发展；

"2. 清华大学以现有理、工院系为基础向综合性的工业大学发展；

"3. 北大的工学院合并于清华，清华的文学院全部和法学院的一部分合并于北大；

"4. 以清华的法学院的大部分为基础，另设立独立的财经学院，北大法学院的一小部分可并入。"①

教育部党组将调整方案上报政务院文化教育委员会后，文委分党组同意了该方案，认为"教育部这个方案是合理的，可以避免两校院系重复之弊而收专业化之功效"②。此后，关于清华大学的调整方案又有局部调整。如教育部曾在 1951 年 10 月 16 日的《筹开工学院院长会议》的报告中提出将哈尔滨工业大学的苏联专家和研究生调整到清华大学，以加强清华大学的工作。但后来并未实施。

随后，教育部决定对清华、北大、燕京三校进行联合调整，并在 1951 年 11 月召开的全国工学院院长会议期间进一步明确。11 月 27 日教育部呈交政务院文化教育委员会的《关于全国工学院院长会议的报告》中，表述调整方案为："将北京大学工学院、燕京大学工学院方面各系并入清华大学，改为多科性的工业大学，校名不变。将清华大学的文、法两学院及燕京大学的文、理、法方面各系并入北京大学，成为综合性的大学，撤销燕京大学校名。"③ 这个报告并未提到清华大学理学院的调整方案。三天后，

---

① 《关于调整北京大学和清华大学院系的请示》，中央档案馆。教育部党组决定以清华法学院为基础设立独立的财经学院，主要是考虑到清华大学法学院个别教授不愿意并入北大，单独建校可以减少调整的阻力，而且也可以满足中央财经委员会对财经方面人才的需要。

② 《关于调整北京大学和清华大学院系的请示》，中央档案馆。

③ 《关于全国工学院院长会议的报告》，1951 年 11 月 27 日，教育部档案 1951 年长期卷 34，教育部档案馆。

即 11 月 30 日，马叙伦向政务院第 113 次会议提交《关于全国工学院调整方案的报告》，却提出"清华大学的文、法、理三学院及燕京大学的文、理、法方面各系并入北京大学"①。这就是 1952 年清华、北大和燕京三校院系调整的最终方案。

3. 关于清华大学理学院调整思路的变化

在三校调整方案的形成过程中，清华大学理学院的调整问题一直是三校调整方案的焦点。从前期一直试图保留清华大学理学院，到 1951 年 11 月 30 日教育部提出将清华大学理学院调整到北京大学，关于清华大学理学院的调整思路发生了一个大的转变，这直接影响了清华大学未来的发展。对于这一变化详情，我们迄今知之甚少。但如何协调多科性工业大学中理学院与工学院的关系，应该是教育部决定将多科性工业大学中理学院调整出来的一个因素。

教育部在初期的调整方案中之所以同意保留清华大学理学院，应与清华大学校领导的努力有直接关系。在清华大学的校务委员会中，意在保留清华大学理工综合地位的领导不在少数，这一点在清华大学 1951 年 5 月制定的调整方案中已有充分体现。此外，教育部党组在 11 月 15 日呈报中央的报告中也说明"理学院如何调整问题也是三校提出要照顾的。这点在原则上已解决，因为综合性大学的理学院与工业大学的理学院确应分工，所以北大和清华的理学院基本上可不动，仅作个别调整"[81]。这也表明在调整方案的制定过程中，清华大学校领导曾为不调出理学院而与教育部协商。对于这类多科性工业大学中理学院的任务，曾昭抡曾在全国工学院院长会议的报告中有所说明，清华大学的理学院"主要是为工学院服务，同时担负为工业建设研究问题和培养理科师资的任务"②。

实际上，清华大学校领导的想法与部分理学院教师的想法存在一定的分歧。当时清华大学理学院共有数学、物理、化学、生物、地质、气象、心理等 7 系和地理组，专职教师共计 139 人，而工学院共 8 系，专职教师 157 人。③[84]711 从理学院系科与工学院的关系来看，仅物理、化学、地质等

---

① 《关于全国工学院调整方案的报告》，教育部档案 1952 年永久卷 1，教育部档案馆。
② 《第一步改革高等工业教育的初步方案》，教育部档案 1951 年长期卷 34，教育部档案馆。
③ 清华大学 1952 年 2 月教职工名册中理学院包括数学、物理、化学、生物、地质、地学系地理组、气象、心理七系一组。关于工学院教师及系科的统计中不包含航空学院。

学科与工学院的关系较为密切，其他系科则不然。地学系地理组①的部分教师就认为，地理学系还是放在综合性大学比放在以工程为主的大学要适当，一方面地理是综合性的科学，应该放在综合性大学中，而且苏联亦是如此；另一方面，地理系与工程没有直接关系，调整到北京大学更利于地理学的发展。② 这一意见与教育部的思路一致。时任教育部工业教育司副司长的张宗麟于1952年发表在《人民教育》上的一篇题为《改革高等工业教育的开端》的文章给出了佐证。他在文章中专门谈及工学院与理学院的关系："有的独立的工学院不设理学院，有关理科课程，聘请理科教师，问题就简单。大多数工学院与理学院并列，而两院学生数极悬殊，这在平时已经发生相互歧视的意见。加以在工学院里的理学院任务不明确，理科教师对于理学院为工学院服务的一点，大都不太甘心，而强调为理学院而办理学院。于是在课程上是常常不协调的，在系科设置上也有些奇怪现象。如工学院里的理学院也办生物系、药学系、心理系、地理系、天文系等。"[21]491但清华大学仍在做保留部分理学院的努力。如在1952年初清华大学地理系给校务委员会的报告中强调"在理学院留下的几系是与工学院有密切关系的"③。1952年2月清华大学校委会还曾决定将地理系留在清华。

　　天津三所大学的调整工作使清华大学保留理学院的想法完全破灭。北洋大学与河北工学院合并后，天津共有三所综合性的大学，分别是天津大学、南开大学和津沽大学，这三所大学都设有工科院系。1952年初，教育部鉴于这三校的院系重叠、任务不明确，决定根据全国工学院调整的方针和北京三所大学调整的经验对这三校进行调整，并派曾昭抡、张宗麟与天津市市长黄敬及三所大学的负责人进行协商，制定调整计划。经过讨论，天津三所大学的调整计划很快出台了，其主要内容是：

　　"（1）将南开大学改为综合性大学，校名不变，将南开的文、理、财三院，天津大学的理学院方面各系，及津沽大学的文、商、师范三院合并成立之。

　　"（2）将天津大学仍确定为多科性工业大学，校名不变。将天津大学的

---

① 清华大学地理学系1929年成立，1932年更名为地学系，分设地理、地质、气象三组。1946年复员后气象组独立建系，1950年又分设地质学系，地学系仅余地理组。
②《本校地理组对调整的意见》，清华大学档案馆，1—52001。
③《清华大学地理系给校务委员会的报告》，清华大学档案馆，1—52001。

工学院方面各系及南开、津沽的工学院合并成立之。

"（3）津沽大学的院系分别并入上述两校，撤销津沽校名。"①

天津大学理学院被调整到南开大学的方案虽然遭到天津大学部分教师的反对，但是并没有形成太大的阻力。一方面是因为当时天津大学理学院仅有数学和物理两个系 48 位教师，其中副教授以上的共有 17 人，调整以后天津大学还要设置物理、数学教研组，保留部分师资。另一方面是因为经过思想改造运动和"三反"运动，一般的知识分子都不敢再就院系调整发表异议，反对的力量较为薄弱。对于天津大学理学院调出的方案，教育部极为赞成，认为此举"是调整工学院的工作中一大进步，可以在全国起带头作用。南开的理学院任务可以更明确。天津大学合三大学工学院而成，为三个工业部门培养干部，也可以更有力量"。②文委党组也同意教育部的意见。1952 年 1 月 15 日，文委党组将教育部对天津三大学的调整计划呈送周恩来和李富春，二人均表示同意。李富春还进一步提出"系的调整及学生分配请从总的方面加以调整，与全国工学院调整方案结合好。多科系的工业大学可否与清华结合研究，使清华与天津有适当分工，各有特点"③ 的调整意见。根据李富春的意见，京津两地的化工系、矿冶系科曾在1952 年 7 月进行了联合调整。

思想改造运动开始后教育部领导人学习苏联经验的心态发生了变化，这也对调整方案产生了一定影响。以教育部领导人之一钱俊瑞的言论变化为例，他在 1949 年全国教育工作会议上曾提出，教育改革要"以原有的新教育的良好经验为基础，吸收旧教育的某些有用的经验，特别要借助苏联教育建设的先进经验"。院系调整开始后，他在给北京高校教师作的动员报告中谈到，"向苏联学习，不要问哪个好，哪个坏，要全部照搬，只要是苏联做的，就不要对其进行分析评论，把它们先搬过来再说"[85]。这种想法应当对清华大学理学院的调整方案产生了影响。

在诸多因素的影响下，教育部最终决定将清华大学的理学院调整到北京大学。清华大学理学院调整出去不仅仅是顺应形势、学习苏联的需要，也是理学院中大部分系科自身发展的需要。在当时中央极其重视工程教育、大力发展工科院系的同时，留在工学院中的理科各系将在经费、研究

---

① ②《天津三大学调整计划》（草案），中央档案馆。
③《李富春关于天津三大学调整计划的批示》，中央档案馆。

和发展机会等多个方面无法和工学院的各系科公平竞争，这的确不利于理学院的发展。

二、关于专门学院的调整方案

院系调整要解决的另一个重要问题就是建立专门学院。从工学院院长会议及分系专业会议的方案来看，教育部最初主张各校同类系科进行分工，而不是分别建立独立的专门学院。但在1952年5月的调整方案中，教育部却提出将同类系科合并，组建专门学院的调整思路。在这一变化中，工业部门的意见起了重要作用。

1. 教育部的初步想法

在《全国工学院调整方案》中，教育部制定的关于专门学院方案的表述主要有以下几点：

"（1）将武汉大学矿冶工程系、湖南大学矿冶系、广西大学矿冶系、南昌大学采矿科调整出来，在湖南长沙成立独立的矿冶学院。

"（2）将南京大学、浙江大学的两个航空工程系，合并于交通大学，成立航空工程学院。

"（3）将武汉大学水利系、南昌大学水利系合并，成立水利学院，仍设在武汉大学。"[81]

可见，在这三所即将成立的专门学院中，只有矿冶学院独立设置，其他两所专门学院仍将附设在其他大学中。教育部此前对北京航空学院的调整策略亦是如此。这说明当时教育部并未打算过多设立完全独立的专门学院。地质、采矿、冶金三系分工会议的召开及教育部对全国矿冶系的调整方案都可以表明，这一时期教育部对工科院系的调整更多地是强调力量集中和分工，不是完全按照苏联大学模式独立地设置专门学院。

2. 教育部思路的变化

对于教育部提出的矿冶系分工方案，重工业部持不同意见，认为应该建立独立的钢铁学院。苏联专家也提出了同样看法，如阿良木斯基在分系专业会议上的发言。随后，教育部与重工业部联名给政务院文化教育委员会、财政经济委员会提交了关于筹建钢铁学院的报告，制订了《筹备钢铁工业学院计划》。1952年4月22日，钢铁工业局局长刘彬主持召开建校筹备会议。1952年5月，经重工业部钢铁工业局与教育部及教育部苏联总顾问福民讨论，出台了《筹办北京钢铁工业学院初步计划草案》，决定"以苏联钢铁工业先进技术知识及先进生产经验为标准"来培养钢铁工业所需要的高级技术干部。学院以北京工业学院、天津大学、北方交通大学唐山工学院、山西大学四校的冶金系、采矿系为基础建院，校址在北京大学工学院旧址。专业和课程计划均参照苏联钢铁学院的专业和教学计划。①1952 年 7 月 24 日，北京钢铁工业学院筹备委员会正式成立，北京钢铁学院的建校工作进入实际实施阶段。

何长工就钢铁学院筹备一事给李富春的信②

在重工业部积极筹建钢铁学院的同时，其他工业部门也着手建立专门学院的工作。1952 年 4 月，地质委员会将创建地质学院作为该部门的重点

---

① 《筹办北京钢铁工业学院初步计划草案》，教育部档案 1952 年永久卷 32，教育部档案馆。
② 《何长工就钢铁学院筹备一事给李富春的信》，教育部档案 1952 年永久卷 32，教育部档案馆。

任务。尹赞勋①回忆说：

"4月14日为向教育部提出建议，地委会开始讨论地质系调整方案。15日我（指尹赞勋）全日详读苏联教育部批准的教育计划中矿区与地质勘测系部分的各种表格、说明、图解。16日学习研究教育部在报上公布的工学院调整方案。17、18两天我起草培养地质干部意见书，送请宋应②阅后上报。4月30日在教育部部长会议室由钱（钱俊瑞）、曾（曾昭抡）两位副部长主持讨论1952—1957年训练干部的六年计划和1952年招生计划，以及院系调整问题，其中包括地质教育。……李四光和宋应都嘱我今后更多地考虑地质教育问题。5月9日地质委员会召开北京地质专科学校筹备委员会第一次扩大会议。1951年6月19日③上午地委会得知创立两个地质学院的决定。一在北京，以清华地质系为基础，吸收北京大学部分教师，院址设在原北京大学工学院。④ 在长春设东北地质学院，将山东大学地质系并入。……22日上午钱俊瑞部长作报告时正式宣布成立两个地质学院。"[86]

1952年7月14日，北京地质学院筹备委员会正式成立，并召开了第一次工作会议。

其他工业部门也陆续向教育部提出建立专门学院的要求，如1952年5月，重工业部航空工业管理局向中央呈文，要求以清华大学航空工程学院、北京工业学院和四川大学等8所院校的航空系为基础，组建北京航空学院，以加速航空高等技术人才的培养。1952年6月，由重工业部、教育部的部分人员组成了"北京航空工业学院筹备委员会"[87]。燃料工业部也提出了成立清华大学石油工程系的要求。1952年3月25日，康世恩在写给陈郁部长并转呈朱德副主席的报告中，曾提出"在清华大学内设一石油系"[88]的建议。这其实是为将来建立独立的石油学院做准备。

---

① 尹赞勋（1902—1984），著名地质学家和古生物学家。民国时期任地质调查所副所长、代所长。1949年以后任中国地质工作计划指导委员会第一副主任，从1952年5月起负责筹建北京地质学院，后任学院副院长兼教务长。

② 宋应（1916—1975），曾任中国地质计划指导委员会副主任、地质部副部长。

③ 根据上文提到的16日学习研究教育部在报上公布的工学院调整方案，应指的是1952年4月16日刊登在《人民日报》上的《中央人民政府教育部关于全国工学院调整方案的报告》，故此处应为1952年6月19日，笔者注。

④ 根据尹赞勋的回忆，1952年4月18日（原文为1951年4月18日，应为1952年，笔者注），李四光在谈到对资源勘探干部应早作准备时，就说过北京大学应有地质系。在随后的院系调整中，北京大学地质系部分师资调整到北京地质学院，其余力量留在北大建立了地质地理系。

综上所述，在工业部门的要求下，教育部改变了对专门学院的调整思路，取消了系科分工的决定，开始协助工业部门组建独立的专门学院。随着钢铁学院、地质学院、航空学院以及清华大学石油工程系的筹建，北京地区工科专门院校的调整计划大致确立下来。从专门学院调整方案的形成可以看出，院系调整不仅削弱了大学的学术自主权力，而且还削弱了教育部对工科院校的领导权力，强化了工业部门对工科教育的领导与管理权力。

三、全国院系调整方案

受工业部门的影响，《全国工学院调整方案》逐步被修订，并最终形成了《1952年全国院系调整方案》，于1952年5月公布。院系调整的原则也被进一步明确，主要包括：（1）根据国家建设计划和各地各校的力量，分别轻重缓急，有步骤地、有重点地分期进行，预计两年内完成初步的全面调整方案；（2）重点是整顿与加强综合性大学，发展专门学院，首先是工业学院与师范学院；（3）高等学校的类型基本上仿效苏联的，分为综合大学（设文、理两科）及专门学院（按工、农、医、师范、财经、政法、艺术、语言、体育等学科分别设置）两种；为了适应国家对专门人才的急需，保留一些专科学校；（4）高等学校的布局为：综合大学，全国各大行政区最少1所，最多不超过4所；工、农、医、师范等专门学院，以大行政区为单位，视实际情况设置；专科学校，视情况进行调整；（5）由各大行政区制定调整方案，经批准后，原则上在大行政区范围内进行。[89]

1952年4月16日教育部公布《全国工学院调整方案》，同年5月又公布《1952年全国院系调整方案》。自此，对中国高等工程教育影响巨大的院系调整方案基本制定完成。随着筹建北京钢铁学院、地质学院等专门学院方案的出台、清华大学理学院调整到北京大学方案的形成，北京工科院校完成了两方面的分化。一方面，工学院从原来的综合大学中分离出来建立多科性工业大学或学院，是综合大学与工业大学的分化。另一方面，通过合并同类系科组建专门学院，实现了多科与专门的分化。

按照新的调整方案，天津大学、山西大学工学院、交通大学、同济大学、浙江大学、南京大学工学院、山东大学工学院、重庆大学工学院或从原有的综合性大学中分离出来单独建校，或者将原来大学中的文、理科等调整出去，其思路与北京三校的调整方案完全一致。到1953年，华北地区就有了北京地质学院、北京钢铁学院、北京航空学院、北京石油学院、北京铁道学院、唐山铁道学院等7所专门学院。华东地区新建了华东航空学院、华东水利学院、华东化工学院和华东纺织工学院等四所专门学院。通过建立专门学院，中国高等教育完成了从理、工综合到理、工分离的转变以及从多科的综合性大学向专门学院的转变。

表 3-4 华北、华东地区工学院调整方案的比较

地区	全国工学院调整方案（公布时间：1952年4月16日）	1952年全国院系调整方案（公布时间：1952年5月）
华北区	清华大学：将北京大学工学院、燕京大学工科方面各系并入清华大学。清华大学改为多科性的工业高等学校，校名不变。将清华大学的文、理、法三学院及燕京大学的文、理、法方面各系并入北京大学。北京大学成为综合性的大学。燕京大学校名撤销。 天津大学：将南开大学的工学院及津沽大学的工学院合并于天津大学。	清华大学：由原清华大学、北京大学两校工学院及燕京大学工科各系科、察哈尔工业大学水利系、天津大学采矿系二年级、石油钻探组、石油炼制系组及北京铁道学院材料鉴定专修科合并组成。 天津大学：由原天津大学、南开大学、津沽大学三校工学院系科、北京铁道学院建筑系及清华大学、北京大学、燕京大学三校化工系的一部及唐山铁道学院化工系合并组成。 北京地质学院：由原北京大学、清华大学、天津大学、唐山铁道学院地质系科组成。 北京钢铁学院：由北京工业学院、唐山铁道学院、山西大学工学院、西北工学院等校冶金系科及北京工业学院采矿、钢铁机械、天津大学采矿系金属组等系科合并成立。 北京航空工业学院：由北京工业学院航空系、清华大学航空系、四川大学航空系合并成立。 中国矿业学院：原中国矿业学院，清华大学、天津大学、唐山铁道学院采矿系采煤组及唐山铁道学院洗煤组并入。 北京铁道学院：由原北京铁道学院、唐山铁道学院、哈尔滨铁道学院三校运输、管理、财经等系科合并组成。 唐山铁道学院：由原唐山铁道学院、北京铁道学院、哈尔滨铁道学院三校机械、重机、土木等系科合并组成。 山西大学工学院：由原山西大学工学院独立改设。

续表

地区	全国工学院调整方案（公布时间：1952年4月16日）	1952年全国院系调整方案（公布时间：1952年5月）
华东区	浙江大学：将浙江大学改为多科性的工业高等学校，校名不变。将之江大学的土木、机械两系并入浙江大学；浙江大学的文学院合并于之江大学。 南京工学院：将南京大学的工学院划分出来和金陵大学的电机工程系、化学工程系及之江大学的建筑系合并成为独立的工学院。 华东航空学院：将南京大学、浙江大学两个航空工程系合并于交通大学，成立航空工程学院。	浙江大学：由原浙江大学、之江大学两校工学院系科（浙江大学土木系水利组与之江大学建筑系除外）合并组成。 南京工学院：由原南京大学、金陵大学、江南大学三校土木、机械、电机、化工、食品工业等系科、浙江大学农化系、农产制造组与南京大学食品工业系、制糖科合并组成。 交通大学：由原交通大学、同济大学、大同大学、震旦大学、武汉交通学院、沪江大学等校机械、电机、造船等系科，上海市立工业专科学校动力、电力、造船科与中华工商专科学校、华东交通专科学校二年制机械科合并组成。 同济大学：由原同济大学、交通大学、圣约翰大学、大同大学、震旦大学、上海市工业专科学校、中华工商专科学校、华东交通专科学校土木系科、同济大学测量系、南京大学、圣约翰大学、之江大学三校建筑系与上海市工业专科学校市政、结构二科合并组成。 华东航空学院：由原南京大学、交通大学、浙江大学三校航空系合并成立。 华东水利学院：由原交通大学、同济大学、南京大学、浙江大学四校水利系及华东水利专科学校合并成立。 华东化工学院：由原交通大学、大同大学、震旦大学、东吴大学、江南大学五校化工系合并成立。 华东纺织工学院：由原华东纺织工学院各系科、南通学院纺织系、染化系与中南纺织专科学校纺织科合并成立。 山东工学院：由原山东工学院与山东大学工学院机械、电机、化工等系科合组成。 山东大学工学院：由原山东大学工学院与山东工学院土木、纺织等系科合组成。

第四章　高等技术教育的全面"苏化"

1952 年 7 月,教育部在全国范围内启动院系调整工作,拉开高等技术教育全面"苏化"的大幕。通过院系调整和高等学校领导关系的调整,完成了高等技术教育体制改革;通过以学生为对象的专业设置和以教师为对象的教研组的设立,完成了教学组织的改革;通过制定教学计划、教学大纲和教材,以及使用统一教学计划和大纲等,完成了教学制度的改革。1956 年,全国范围的院系调整及教学改革工作基本结束,中国高等技术教育彻底完成了向苏联模式的转换。

第一节　院系调整的实施

院系调整工作主要分为三个阶段,第一阶段是 1952 年的院系调整,主要针对华东、华北和东北地区的高校进行调整,第二阶段是 1953 年的院系调整,重点对中南地区的高校进行院系调整,同时对华北、华东和东北地区高校的专业设置进行调整。第三阶段是 1955 年的院系调整,主要在各大行政区之间进行,部分高校迁往内地建校。从调整结果来看,经过 1952 年和 1953 年的院系调整,基本实现了高等技术教育体制的"苏化":建立各类工业类专门学院,逐步取消专科和专修科的设置,形成了高等工科院校由中央统一管理,同时实行各行业部门归口管理的领导制度。1955 年的院系调整重在改变高校的地理分布,增强内地工业基地的高等技术教育力量。

一、1952、1953 年的院系调整

1952 年 5 月，教育部感到"自从几次大运动以后，打下了一定的思想基础，尤其三反运动，给大学教师洗了一次澡，所以估计可以有计划地全面地着手调整"①。1952 年 7 月到 1953 年，教育部开始在全国范围内有计划、有步骤地实施院系调整。院系调整工作先从京津地区开始，陆续在华东、西南、中南、东北及西北等大行政区展开。从调整的覆盖面来看，1952 年的院系调整涉及全国四分之三的高校，其中华北、华东、东北 3 区的院系调整较为彻底，中南区和西南区的高校仅进行个别调整。经过调整，全国共有 201 所高等学校，其中：综合大学及普通大学 21 所，工业院校 43 所，师范院校 33 所，农林院校 28 所，医药卫生院校 32 所，财经院校 13 所，政法院校 3 所，艺术、语言、体育及少数民族院校 28 所。[89] 1953 年，又以中南区的高校为重点进行了院系调整。到 1953 年底，历时两年的全国范围的院系调整工作基本结束，全国共设置各类大学 182 所，实现了改造综合大学和发展专门学院的调整目标。经过调整，民国时期建立与发展起来的、曾经一度辉煌，并形成自己特色和文化的大学在调整中解体，取而代之的是由不同院校系科分类组合成立的新生大学，基本上实现了与原有大学传统的分离。

在 1952 年、1953 年连续两年的调整中，专门学院得到了迅速发展。仅 1952 年"就从综合大学（指原来的普通大学）中分设出了 20 所各种专科性院校，并新建了 11 所高等工业院校、8 所高等农林学校、3 所高等师范学校、2 所高等医药学校、4 所高等财经学校、3 所高等政法学校、1 所高等语文学校、1 所高等艺术学校"②。到 1953 年院系调整工作结束后，综合性大学由 1949 年以前的 55 所减为 14 所，专门学院增加到 168 所，占高校总数的 84%，其中工科院校由 18 所增加到 39 所，实现了院系调整"发展专门学院"的目标。合并同类系科是组建专门学院的主要方式，其中又以同一大行政区内的同类系科合并为主。1952 年新建的北京地质学院、北京钢铁学院、中南矿冶学院、华东水利学院、北京航空学院、华东航空学院等 11 所专门学院中有 10 所院校是通过同一行政区内的同类系科

---

①② 院系调整的文件，教育部档案 1952 年永久卷 33，教育部档案馆。

合并组建的，如华东水利学院由交通大学和南京大学的水利系、同济大学和浙江大学土木系水利组、华东水利专科学校合并组建。

将综合性大学中的工学院分离出来组建多科性工学院是院系调整的另一任务，主要方式有两种：一种方式是将原来综合大学的工学院与其他性质的学院分离，成为独立的工学院。如南京大学工学院、山西大学工学院、重庆大学工学院等都是如此。有些工学院是将综合大学中原有的文、法系科调整到其他学校，仅保留部分理科师资及工学院，学校名称一般不变，如清华大学、浙江大学等。另一种方式是将几所综合大学的工学院联合调整建立新的工学院。如以中山大学工学院、华南联大工学院、岭南大学工学院等校的系科为主体合并组成华南工学院；以湖南大学、广西大学、南昌大学、武汉大学工学院、华南工学院的机械制造、动力机械制造、电机制造及动力部分合并组建华中工学院。经过调整，全国共建立了15所多科性工学院，实现了综合大学与工学院的分离。

多科性工学院之间也有分工。以华东区为例，院系调整以后华东区共有交通大学、同济大学、浙江大学、南京工学院、山东工学院以及山东大学工学院6所多科性工学院。其中交通大学设机械、电机、造船等系科，同济大学设土木、建筑、测量等系，山东工学院以机械、电机、化工等系科为主，山东大学工学院设土木、纺织等系科。同一部门的院校也有所分工。如北京铁道学院以运输、管理、财经等系科为主，唐山铁道学院则设机械、电机、土木等系，哈尔滨铁道学院设电信、信号等方面的系和专业。

二、1955 年的院系调整

由于担心过度的跨区调整会引起教师的极大抵触，1952 年和 1953 年的院系调整工作主要在大行政区范围内进行，跨区调整的较少。到 1953 年院系调整工作结束后，39 所工科院校按大行政区的分布情况是华北 11、东北 6、华东 13、中南 5、西南 3、西北 1，工科院校集中在沿海地区的状况并未发生太大改变。

高等教育的人力、物力仍旧集中在沿海和接近沿海的城市。据 1955 年统计，北京、天津、沈阳、大连、上海、杭州等 17 个沿海或接近沿海的城市共有高等学校 97 所，占全国高校总数的 51％强；有学生 159 920 人，占全国在校学生总数的 61.9％；教授、副教授 4 723 人，占全国同级教师总数的 61％。自 1949 年至 1954 年，全国共新建高校校舍面积 424 万平方米，上述城市学校共占 260 万平方米，占总数 61.5％。同一期间全国高校共补充学校设备经费 1.5 亿元，上述城市学校占 1 亿元左右。①

各大行政区内的院系调整也造成了高等教育在大行政区内部的地理分布不均衡，其中尤以高等技术教育较为严重。以西南地区为例，按照调整方案，贵州大学的机械、电机、地质三系合并到重庆大学，土木系转入重庆土木建筑学院；云南大学的航空系调入北京航空学院，土木建筑系分别调入中南土木工程建筑学院、重庆土木工程建筑学院，铁道管理系分别并入北京铁道学院、长沙铁道学院。随着技术教育系科调整集中到四川的重庆和成都两地，贵州和云南的高等技术教育几乎处于空白状态。到 1954 年云南大学理工学院独立为昆明工学院时，仅有采矿和冶金两个系，金属与非金属地质测量及找矿、有色金属地下开采、有色矿物精选、矿区开采、有色金属冶炼等 5 个专业。而在重庆和成都两市，则集中分布着重庆大学、重庆土木建筑工程学院、四川化工学院、成都工学院等 4 所工科院校。

高等技术教育地理分布过度集中于沿海地区、且在大行政区内集中的状况与第一个五年计划工业分布不匹配，且不能满足当时的战备需要。为此，1955 年高等教育部再次对高等院校进行调整，以改变高等教育地理分布不平衡的状况。这次调整的原则是：限制沿海地区高等教育的发展，通过内迁、新建等办法大力发展内地的高等教育，沿海地区的高等院校在提高办学质量的同时要大力支援内地高校的建设。根据这一原则，高等教育部于 1955 年 6 月制定了《1955 年到 1957 年高等学校（高等师范除外）院系调整及新建学校计划（修正草案）》。根据草案，新建或内迁的学校共有 22 所，其中新建的工科院校分别有长春汽车拖拉机学院、北京邮电学院、武汉水利学院、上海造船学院、西安建筑工程学院、成都电讯工程学院、洛阳动力学院、武汉测量制图学院、西北工学院、兰州石油学院、太原化工学院等 10 所，内迁的分别是华东航空学院、上海交通大学。

经过 1955 年的院系调整，内地高等学校的数量从 1951 年的 87 所增至 115 所，在校学生数由 1951 年占全国高等学校在校学生总数的 38.6％上升到 44.1％。[89]工科类院校的变动情况大致是：上海交通大学除造船专业留在上海，与大连工学院的造船专业合并为上海造船学院外，其余专业均内

---

① 高等教育部档案 1955 年永久卷 4，教育部档案馆。

迁西安。山东大学内迁郑州，原山东大学仅保留海洋生物、水产、海洋物理等专业，改称山东大学分校。新建成都电讯工程学院、西安建筑工程学院、西安动力学院、长春汽车拖拉机学院、武汉测绘学院、成都地质学院等；在调整中，部分学校由于支援内地而撤销，如青岛工学院、苏南工业专科学校等。[89]随着一批新工科院校在内地的创建及高校的内迁，内地的高等技术教育力量极大加强。到 1957 年，仅四川省就有 7 所工科类院校。西安作为新兴的工业基地，高等学校由 1951 年的 8 所增至 1957 年的 22 所。

三、北京地区新建专门学院

在北京地区新建了著名的"八大学院"，其中包括北京航空学院、北京钢铁学院、北京地质学院、北京矿业学院、北京石油学院等五所工业类专门学院。这些学院分布在北京西郊的"学院区"，分别由对口的工业部门与教育部共建，主要领导也多由工业部门派人担任。

北京航空学院由重工业部航空工业管理局与教育部共同筹建，于 1952 年 6 月成立由王弼、张宗麟、梁心明、曾毅、沈元、王俊奎、屠守锷等 7 人组成的"北京航空工业学院筹备委员会"，开始正式筹建航空学院。重工业部航空工业管理局副局长王弼担任筹备委员会主任。航空工业局还从苏联请来杜巴索夫等 9 位苏联专家参加筹备工作。北京航空学院由清华大学航空工程学院、四川大学航空系和北京工业学院航空系合并成立。① 1952 年 10 月，该学院正式开学，杨待甫②任代理院长，沈元③任副院长。

北京钢铁学院由重工业部钢铁工业局和教育部联合筹建，于 1952 年 7 月成立由刘彬、陈琅环、钱伟长、李承文、魏景昌、柏华、张文奇、魏寿昆、杨尚灼等 14 人组成的"北京钢铁工业学院建校筹备委员会"，开始正式筹建北京钢铁学院，重工业部钢铁工业局局长刘彬任主任委员。北京工

---

① 清华大学航空工程学院系由清华大学航空系、北洋大学航空系、厦门大学航空系和西北工学院航空系合并而成；四川大学航空系由四川大学航空系、云南大学航空系合并而成；北京工业学院航空系由中央工业学校航空科、华北大学航空系合并而成。
② 杨待甫，早年参加革命，1952 年参加了北航的筹备工作，后任副院长同时代理院长的工作。1954 年武光被任命为院长后不久，杨待甫调离北航。
③ 沈元，1940 年毕业于西南联合大学航空工程系，1943 年赴英国留学，1946 年获英国帝国理工学院航空工程系博士学位。同年回清华大学工作，先后任航空系教授、航空工程系主任。北航成立时沈元任副院长。

业学院（即华大工学院）、天津大学、唐山工学院、山西大学等四校的冶金采矿系、清华大学、天津大学的采矿系金属组合并成立北京钢铁学院，首任院长为刘彬，魏景昌和张文奇①分别任副院长。

北京地质学院由地质计划指导委员会和教育部共同筹建，于 1952 年 7 月 14 日成立北京地质学院筹备委员会。中国地质工作计划指导委员会主任李四光担任筹委会主任，李曙森、宋应为副主任，委员有尹赞勋、孙云铸、马杏垣、袁复礼等 9 人。北京地质学院由北京大学、清华大学、天津大学、唐山铁道学院等 4 校地质方面的系科组成，首任院长为刘型②，副院长为尹赞勋。

北京地质学院开学典礼③

北京矿业学院的前身是中国矿业学院。1949 年 11 月，燃料工业部在第一次全国煤矿工作会议上决定建立一所专门的矿业学院。同年 12 月，政务院将焦作工学院划归燃料工业部领导。在此基础上，燃料工业部将华北煤矿专科学校与焦作工学院合并，并指定朱献民④为筹备处主任、赵彬⑤

---

① 魏景昌，1935 年毕业于北京大学物理系，1952—1956 年间担任北京钢铁学院副院长。1952 年 1 月在教育部和重工业部给政务院文化教育委员会和财政经济委员会的报告中即提出请钢铁工业局局长刘彬担任北京钢铁学院院长，并分别由重工业部和教育部各委派一位副院长。后来重工业部派中南钢铁公司副经理魏景昌担任副院长，教育部派唐山工学院冶金系主任、唐山市副市长张文奇担任另一位副院长。

② 刘型（1906—1981），早年参加革命，1949 年 8 月后曾任中共湖南省委常委兼秘书长、省委城市企业部部长、省人民检察院检察长。1952 年任北京地质学院党委书记兼院长。

③ 中国地质大学简史。来源：//www. cug. edu. cn/20031/zhuantiwang/xiaoshi. /index. html。

④ 当时朱献民为焦作工学院代理副院长。

⑤ 赵彬时任开滦煤矿总管理处军代表。

为副主任,负责筹备中国矿业学院。1951年2月,焦作工学院迁津办学并改称中国矿业学院,燃料工业部部长陈郁任院长,吴子牧[①]担任副院长。1952年院系调整期间,北京工业学院和唐山铁道学院的采矿系、清华大学和天津大学的采矿系采煤组均并入中国矿业学院。1953年9月中国矿业学院迁京办学,更名为北京矿业学院。

北京石油学院的前身是清华大学石油工程系,由清华大学采矿系和化工系的石油组、天津大学石油方面的系科、北京大学化工系等组成。1953年,燃料工业部石油管理局提出学习苏联经验,以清华大学石油工程系为基础建立专门的石油学院。1953年1月,由高等教育部、燃料工业部及石油管理局、清华大学三方人员组成"北京石油学院筹备委员会",开始正式筹建石油学院。1953年9月末,清华大学石油工程系迁出清华园,与大连工学院液体燃料组合并成立北京石油学院,在新址正式开学,原东北石油管理局局长张定一为学院副院长。1954年,高教部从中国人民大学抽调闫子元为石油学院院长。

北京矿业学院的学生开展建校劳动

在1955年院系调整期间,北京地区新建了北京邮电学院。该校由天津大学电话、电报通信专业,无线电通信及广播专业,重庆大学电话、电报

[①] 吴子牧(1914—1970),江西宜黄县人。1936年曾在法国里昂大学学习,1938年赴延安,曾在抗日军政大学、马列学院学习。1939年到1945年间,他主要在晋西北从事革命工作。1945年后曾任辽宁省委秘书长。1950年到1961年间任中国矿业学院、北京矿业学院副院长、院长、党委书记等职。1959年11月到1961年间,还担任中共北京市委常委、大学工作部部长。

通信专业为基础组建，由邮电部副部长钟夫翔任院长。

第二节 教学组织的建立

建国初期实施的高等技术教育改革并未实现教育部提出的高等技术教育专门化的目标，尤其是教研组和专业组的设置比较随意。随着大规模高等技术教育体制改革的实施，教学组织形式也在发生重大变化。大多数学校学习苏联经验，改组系科，增设专业，成立教研组，实现了高等技术教育教学组织形式的"苏化"和专门化。

一、设置专业

专业直接对应于社会上的各种专门职业，是根据国家需要某项专门人才的标准来培养专家的基础教学组织。顾名思义，专业决定着人才培养的种类和目标，专业之下还可以根据需要设置专门化。"专业"是从苏联引进的概念。教育部副部长曾昭抡对"专业"的解释是："按照苏联高等教育制度，'专业'是培养高级专门人才的目标；高等学校的教学设施，以专业为基础，系不过是学校里面的行政单位。政府培养人才的办法，是按照国家建设的需要，确定专业的设置，并以专业为基础作有计划的招生。"[90]专业的设置是新旧制度的根本区别，是教育改革的核心工作。"旧制度下院系的设置，是自上而下，先办起一所大学，内设若干院，每院下设若干系，如有必要，再将一系分成若干组。在新制度中，首先考虑的不是设系问题而是设置专业问题。政府按照国家经济、文教、政法等各方面建设的需要，决定全国应该设立的专业，然后结合各高等学校的师资、设备条件，在每校设置一定的专业。专业决定以后，几个性质相近的专业可以结合成为一系；同时一系也可以只有一个专业。"[90]

1. 专业设置的过程

早期中国大学中并不设专业。1950年教育部提出高等教育要向专门化发展后，一些院校在原有系科的基础上分设了一些专门小组，如南京大学土木系分设厨房工程组、桥梁工程组、道路工程组和卫生工程组。但无论是从组织形式还是设立过程来看，这些专门小组都还不能算是苏联高等教育意义上的专业。

1952 年各地区在院系调整中普遍设立专业。据统计，到 1952 年底，全国的工科院校共设立了 100 余种本科专业，70 余种专修科专业。其中，华北区的 11 所工科院校中共设置了机械制造工程、金属切削机床、铸造工程、汽车、热力发电设备、燃料化学工业、内燃机等 63 种本科专业和金工、地质勘探、输电及配电等 37 种专修科专业。华东区的 16 所高等工业学校中，本科共设置了机械制造、工业企业电气化、工业和民用建筑、化学生产机器及装备等 55 种专业，专修科共设置了动力厂检修、输电及配电、水力技术建筑、工业分析等 49 种专业。[91]各校在设置专业时主要参照苏联同类院校的专业设置，如北京钢铁学院的专业设置重点参考了莫斯科钢铁学院的专业，北京航空学院和北京石油学院的专业设置分别学习了苏联航空教育和石油教育的专业设置。到 1956 年，北航共有 4 个系、11 个专业，它们基本上是按照苏联模式设置的。[92] 12

由于对苏联设置专业的做法了解匆促，教育部在制定 1952 年的院系调整计划时没通盘考虑专业设置，而是采取了"暂由中央教育部或几个大行政区教育部、文教部与有关业务部门商定，并征求各校意见试行，逐渐统一"[90]的方式。各地区基本上是按照"先制定调整方案，再据此决定各校要设立的专业"的方式来设置专业。如华东区的高校在院系调整及人员、图书、设备调配后才开始考虑专业设置，西南区 1952 年 5 月开始酝酿制定调整方案，9 月上旬经教育部批准开始准备院系调整时，才知道院系调整工作要结合专业设置。① 这造成各地区专业设置缺乏统筹规划，存在诸多问题，比较突出的问题是：（1）专业设置迁就现状，学校的发展方向不明确；（2）专业重复分散，学校间的重点分工不清楚，如华东区 5 个工科院校都设有电信方面的专业；（3）专业设置过多过杂，如华南工学院共设立了 29 个专业，包括机械、动力、土木、建筑、桥梁、铁路、轻化工、重化工等专业，与当时的专门化方针不符；（4）性质相同或相近的专业过于分散；（5）部分专业属不顾条件地盲目设置，难于发展；（6）没有与工业发展情况相结合。②

---

① 《高等工业院校行政会议，会议简报三》，高等教育部档案 1953 年永久卷 9，教育部档案馆。
② 《1953 年高等工业学校专业调整方案说明》，高等教育部档案 1953 年永久卷 26。

1953 年，高等教育部结合院系调整计划，重点对各校的专业设置进行调整。调整前后的专业变化如表 4-1。

表 4-1　1953 年专业调整前后工科院校设置专业统计表

专业分类	调整前						调整后					
	合计		本科		专科		合计		本科		专科	
	种类	个数	种类	个数	种类	个数	种类	个数	种类	个数	种类	个数
普通机器制造	33	102	18	59	15	43	23	74	17	55	6	19
动力机器制造	6	11	6	11			5	7	5	7		
航空	9	13	4	8	5	5	9	13	4	8	5	5
仪器制造	2	2	2	2			1	1	1	1		
电气机器制造	3	9	2	8	1	1	3	7	2	6	1	1
电气仪器制造与电动器具制造	1	1	1	1			1	2	1	2		
动力	10	54	5	29	5	25	6	30	4	22	2	8
无线电工学与电气通讯	8	24	3	11	5	13	5	10	4	9	1	1
有用矿物产区的地质与探矿	11	21	4	7	7	14	10	16	4	9	6	7
地下资源的开采与经营	13	30	6	15	7	15	12	25	8	17	4	8
冶金学	4	10	4	10			4	9	4	9		
天然与人工液体燃料	2	5	2	5			2	7	2	7		
无机物矽酸盐及有机合成物工学	9	14	3	15	6	9	7	15	5	13	2	2
木质纤维材料及造纸	2	6	1	3	1	3	1	3	1	3		
食品与调味品工学	3	6	2	4	1	2	2	2	2	2		
自然纤维材料纺织	9	15	3	6	6	9	7	10	3	6	4	4
土木建筑与房屋建筑	27	136	13	70	14	56	20	88	12	63	8	25

续表

专业分类	调整前						调整后					
	合计		本科		专科		合计		本科		专科	
	种类	个数	种类	个数	种类	个数	种类	个数	种类	个数	种类	个数
测量与绘图	3	12	2	3	1	9	3	8	2	3	1	5
水文气象	1	4			1	4	1	1			1	1
铁路运输	11	11	5	5	6	6	10	10	6	6	4	4
水路运输	4	5	3	4	1	1	1	1			1	1
公路运输	1	2			1	2	1	1			1	1
合计	172	493	89	276	83	217	134	340	88	249	46	91

（来源：《1953 年高等工业学校专业调整方案说明》，高等教育部档案 1953 年永久卷 26，教育部档案馆。）

这次以专业设置为主的调整进一步明确了大学间的分工。如华东区电信方面的专业分为有线电和无线电两大类，分设于交通大学和南京工学院。浙江大学有线电专修科、南京工学院长途电话专修科、山东工学院有线电专修科调入交通大学。浙江大学、山东工学院、厦门大学工学院无线电通讯和广播本科专业调入南京工学院。

2. 统一专业目录

为规范各高等学校的专业设置，苏联高等教育采用统一的专业目录。中国从 1954 年起也开始编制全国统一的专业目录，同年 11 月完成《高等学校专业目录分类设置》（草案）。全国统一的专业目录根据国家建设部门的分类，分为工业部门、建筑部门、运输部门、农业部门等 11 个部门。每个部门下设几大类专业，其中工业部门的专业设置分普通机器制造、动力机器制造等 16 个大类，106 个具体的专业；建筑部门下分土木建筑与建筑学、测量和制图、水文气象等 3 大类 19 个具体的专业；运输部门分为铁道运输、公路运输、水路运输等 3 大类 15 个专业。每类目录中都规定具体的专业名称及其培养目标。

高等教育部制定的统一专业目录基本参照苏联高校的专业目录，不仅专业数量与苏联的非常接近，而且工科、农林、医药、政法、体育、师范等类别的专业比例也与苏联的基本相同，连不少专业的名称都是从苏联引入的。[4]213

表 4-2　中国与苏联大学专业目录统计比较

		合计	工科	农林	医药	文科	理科	政法	财经	师范	体育	艺术
中国（1954）	数量	257	142	16	5	25	21	2	16	16	1	13
	比例	100	55.3	6.2	1.9	9.7	8.2	0.7	6.2	6.2	0.4	5.1
苏联（1956）	数量	271	144	14	5	18	14	1	31	17	1	26
	比例	100	53.1	5.2	1.8	6.6	5.2	0.4	11.4	6.3	0.4	9.6

（来源：《高等学校专业目录分类设置》（草案），高等教育部档案 1954 年长期卷 50；哈尔滨工业大学高等教育研究所编译，《苏联高等学校专业设置、培养目标、教学计划选编》，哈尔滨工业大学出版社 1987 年 11 月版，第 3～8 页。转引自胡建华，《现代中国大学制度的原点：50 年代初期的大学改革》，第 213 页。）

3. 专业设置对高等技术教育发展的积极影响

从当时的情况看，专业设置对高等技术教育的发展和满足"一五"时期人才需求有一定的进步意义。首先，专业的设置深化了技术教育。据魏寿昆院士回忆，原来北洋大学的钢铁冶金系包括钢铁和有色金属两部分，每一部分都只有一本专门的教材。1952 年调整以后，钢铁单独成为一个专业，还分为炼铁、炼钢、电炉炼钢三个专门化。每一个专门化都有三大本专业书，一共 9 本大书。在北洋大学时期冶金炉方面仅开耐火材料和测高温两门课程，每门课程仅有一本小薄书。[29]其次，专业设置拉近了教育与工业的距离，满足了"一五"时期对人才的急迫需求。清华大学的专业基本上就是按照工业部门的种类设立的，如机械制造系按照生产流程分别设立了机械制造工艺、金属切削机床及工具、铸造工艺及其设备、金属压力加工工艺及其设备、焊接工艺及其设备、金属学热处理及其设备等专业，水利工程系按照工种门类设置了水工建筑、水电站、水电站动力装置等专业。从当时的情况来看，"一个萝卜一个坑"的专业培养方式使大学毕业生到工作岗位后能够立即承担工作，基本上能够满足苏联援建的"156 项工程"对专门人才迫切的批量需要。据 1962 年北航调查组对北航毕业生进行的质量调查，用人单位对毕业生业务质量的反映是"北航来的，业务上能胜任，专业知识多，毕业以后半年之内都独立工作，一般都能带动别人，很快成为业务骨干，一年到二年即可担任组长"[92]38。

二、取消专修科

专科教育体制也在调整中发生比较大的变化。专科教育是民国时期形成的一种高等教育制度，学制二到三年不等，主要有两种形式，一种是专科学校，另一种是在大学中设立专修科。建国初期，专科学校和专修科这类短期培养人才的制度曾得到肯定，如在 1950 年颁布的《高等学校暂行规程》中规定"为适应国家建设的急需得设立专科学校"，"大学及专门学院为适应国家建设的急需，经中央教育部批准，得附设专修科及训练班"[79]45。专科学校和专修科的数量有很大增长。到 1952 年院系调整以前，工业类专科学校已经达到 19 所，32 所工科院校中有 28 所设立了专修科，设置专修科的情况如表 4-3 所示：

表 4-3　1952 年设置专修科的高等学校数量

	综合大学	工科院校	农科院校	林科院校	医科院校	师范院校	财经院校	政法院校	艺术院校	合计
学校数	22	32	22	3	26	19	4	1	9	138
设置专修科学校数	18	28	8	3	25	19	1		1	103
比例	81.8	87.5	36.4	100	96.2	100	25		11.1	74.6

（来源：《全国高等学校 1952 年院校设置分区分类统计表》，教育部档案 1952 年永久卷 35。转引自胡建华，《现代中国大学制度的原点：50 年代初期的大学改革》，第 65 页。）

在 1952 年和 1953 年的院系调整中，大部分专科学校被调整，其中工业类专科学校从最初的 19 所减少到 3 所，减少幅度最大。① 保留的 3 所专科学校分别是南京航空专科学校、淮南煤矿专科学校和苏南工业专科学校，其余的专科学校或被按类拆分后并入了其他工业院校，或直接升级为专门学院。如西昌技艺专科学校的机械、电机系科被并入重庆工学院（后改称重庆大学），土木科被并入重庆土木建筑学院，化工科被并入四川化工学院。北京建筑专科学校和甘肃工业专科学校分别被并入清华大学与西北工学院。东北地质专科学校直接升级为专门学院。

1953 年高等教育部提出"今后高等工业学校应采取以办好本科为主，

---

① 《1952 年和 1953 年调整前后各类学校的变化情况》，高等教育部 1953 年永久卷 8，教育部档案馆。

专修科为辅"① 的发展目标，造成专修科的专业种类和数量锐减。据统计，1953 年共减少 37 种、126 个工科类的专修科专业，而本科专业仅减少 1 种、27 个。② 1955 年，高等教育部发出尽早在工科院校中停办专修科的指示，专修科这种教育制度基本消失。

表 4-4　1952 年和 1953 年调整前后各类学校的变化情况

类别	1952 调整前设置情况			1952 年调整后设置情况			1953 年调整后设置情况		
	共计	大学学院	专科学校	共计	大学学院	专科学校	共计	大学学院	专科学校
普通大学	49	49		14	14				
综合大学				7	7		13	13	
工科院校	33	14	19	43	33	10	39	36	3
师范学校	32	19	13	33	21	12	31	26	5
农林学校	17	11	6	28	25	3	30	28	2
医药学校	28	25	3	32	29	3	30	28	2
政法学校				3	3		4	4	
财经学校	19	6	13	13	7	6	7	5	2
艺术学校	16	10	6	15	11	4	15	6	9
语文学校	7		7	8	1	7	8		8
体育学校	1		1	2	1	1	5	5	
少数民族学校	6	6		2	2		2	2	
其他	3		3	1		1			

（来源：高等教育部 1953 年永久卷 8，教育部档案馆。其他：1952 年调整前其他专科学校指中华工商专科学校、西昌技艺专科学校、乐山技艺专科学校；1952 年调整后指西昌技艺专科学校。）

专科学校和专修科作为短期的技术教育制度，在 50 年代初期工程技术人才奇缺的情况下曾颇受工业部门的欢迎，但在院系调整中迅速消失。究其原因，主要是：

---

① 《1953 年高等工业学校专业调整方案说明》，高等教育部 1953 年永久卷 26，教育部档案馆。
② 《1953 年专业调整前后工科院校设置专业统计表》，高等教育部 1953 年永久卷 26，教育部档案馆。

第一、是全面学习苏联经验。苏联的高等技术教育体系中不设专科或专修科，人才培养体系主要由高等技术学校和中等技术学校组成。前者培养五年制的、掌握一定专门知识的高级技术人员，后者培养普通技术员。当时部分专门学院学习苏联经验，取消了专修科。如1952年初，重工业部钢铁工业局拟制的《筹备钢铁工业学院计划（草案）》中提出在北京钢铁学院中设立钻探、炼钢、炼铁、炼焦及副产品、热处理、轧钢等6个专修科，但在学习苏联经验的影响下，将原设的专修科改为系。[①] 1953年北京石油学院成立时，燃料工业部曾决定在学校中设立专修科，因苏联专家的反对也取消了专修科的设置。

第二、中等技术教育的发展压缩了专科学校和专修科的发展空间。1949年以后各工业部门大力发展中等技术教育，仅铁道部就在解放初的三年中创办了12所正规的中等技术学校和8所技工学校。1952年以后中等技术学校也实施调整和教学改革，引进苏联中等技术学校的教学制度，部分学校还聘请了苏联专家。到1953年底，中等技术教育的调整、改革工作基本完成。在这样的情况下，高教部决定"随着中等工业技术学校工作之加强，今后高等工业学校应逐渐减少专修科招生名额的比例，逐步做到把培养技术员的任务完全交由中等技术学校及其附设的特别班担负起来"[②]。

第三、取消专修科设置也是出于提高人才培养质量的考虑。院系调整后，高等技术教育招生人数急剧增加，但由于教学改革仓促、师资匮乏等原因，出现了人才培养质量下降的问题。而且，当时的专修科多是根据工业部门的要求而设立，缺乏明确的培养目标和相应的教学计划，同时过多设置专修科也影响了本科的正常教学工作，这也造成了专修科的迅速消失。

三、建立教研组

教研组，即教学研究指导组。它是由担任一种课目或性质相近的几种课目之全体教师组成的教学组织，是苏联教学制度的一个主要特征，也是苏式大学结构中最基层的教师组织。在苏联，所有教师都参加教研组。它的职能

---

① 《钱俊瑞就钢铁学院的系科设置给李富春的报告》，教育部档案1952年永久卷32，教育部档案馆。

② 《关于全国高等教育的基本情况和今后方针与工作的报告》，高等教育部档案1953年永久卷9，教育部档案馆。

之一就是确保每位教师按照各专业的教学计划授课。一个教研组通常由 10 到 20 人组成，负责监督备课、培训青年教师、交流教学经验、推广新的教学方法、组织教师开展研究工作和培养研究生。教研组在教学改革中占有重要地位。这在全国高等工业学校行政会议的决议里有明确阐释："教研组是保证教学改革顺利进行的基层组织。举凡教学计划的贯彻、教学大纲的拟订（或修订）与执行、教材的编写、教学方法的改进、学生学习方法的指导以及教师政治思想与业务水平的提高、新师资的培养、科学研究工作的领导与组织等，都应通过教研组的集体工作来进行。教研组工作的好坏，直接关系着教学质量的优劣。"[①] 教研组在教学改革中的重要性由此可见一斑。

1. 从教学小组到教研组

教研组的早期形式是 1949 年以来出现的"教学小组"，但这一时期的教学小组无论从组织形式还是功能上都与苏联的教研组存在较大差别。如 1949 年初北京大学电机系的教学小组由教授、讲助教以及同学代表组成，主要任务是带领同学学习。土木系的教研组分为课程小组和教学小组，课程小组包括结构、路工和水利三个分组，每个组都由相关教师组成，主要工作是研究课程内容及各门课程间的配合，制定教学计划。教学小组由部分教师组成，主要负责审查教学计划，检查教学情形。[②] 后者更类似于苏联大学中的教学法委员会。

1950 年 6 月高等教育会议通过《高等学校暂行规程》，将教研组规定为教学基本组织。自此，各校开始普遍设立教研组。如南开大学建立了制造实习教研组、无线电讯教研组、化学工程教研组、普通物理教研组等 24 个教研组和 2 个全校性的教学委员会。尽管普遍设立了教研组，但还未达到教育部的要求。教育部认为教研组设置上存在的突出问题是：一是教研组规模较大，如北航的 12 个教研组平均每个组有 28 名教师；二是有教学小组和教研组共存的情况，甚至有的学校教学小组占大多数；三是部分教师未参加教研组。[93] 对于教研组规模过大的问题，苏联专家列别捷夫建议："在中国具体条件下，如果教研组中教师很多，教师经验又不够，教研组要进行正常工作及进行正常的领导是有困难的，所以我认为在目前情况下

---

① 《全国高等工业学校行政会议关于稳步进行教学改革提高教学质量的决议》，高等教育部档案 1953 年永久卷 9，教育部档案馆。

② 《一年来的北大工学院》，北京大学档案馆，案卷编号：GXY0000218，教育部档案馆。

教研组所包括的课程数目不宜太多。……原则上教研组是应该分小的……有些教研组过大，妨碍了教学法工作及实验室工作。在这种教研组内，教师是很多的，有经验的也不少，这就最好分开，这样教研组的工作才能得到改进。"① 对教学小组和教研组共存的问题，苏联专家费拉托夫认为："为了巩固教学组织，更好地加强教学工作和科学研究工作，应把庞杂的组织取消，统一地组成教研室，……教学小组是在院系调整后成立起来的，适应当时情况，它曾起过一定的作用，但目前这一形式已不符合发展的要求了，应把它提高一步，更适合于今天教学与科学研究工作的需要。"②[4]263参考苏联专家的意见，各校对教研组进行了调整。根据高等教育部《1954 年的工作总结和 1955 年的工作要点》，到 1955 年初，绝大部分学校已将教学小组调整为教研组，教研组的规模也有所缩小，北航将 12 个教研组调整为 22 个，平均每个教研组有 15 名教师。

　　2. 教研组的功能

　　早期成立的教研组不够规范，任务也比较凌乱。以北大工学院各教研组为例，主要任务如表 4-5 所示。

表 4-5　1951 年北大工学院教研组组成及任务

教研组名称	中心任务	工作范围
电讯教研组 电力教研组	1. 领导同学学习 2. 充实课程内容编译中文教材改善实验室 3. 培养师资帮助讲助同人在比较专门的学术范围内努力并进行研究	1. 切实讨论并确定各课教学大纲及教学计划 2. 检查教学计划的实施及时解决所遭遇的问题 3. 举办学术讨论会以造成学术研究的空气
结构工程教研组 铁路及道路工程教研组 水利工程教研组 市政及卫生工程教研组	领导学习 培养师资 帮助同人在比较专门的学术上努力并进行研究	拟定该组应授课程 充实课程内容 编译中文教材 改善实验室

---

① 高等教育部档案 1954 年永久卷 3，教育部档案馆。
② 《苏联专家费拉托夫教授在南京师范学院的报告》，教育部档案 1955 年长期卷 21，教育部档案馆。

续表

教研组名称	中心任务	工作范围
建筑设计教研组	一二三四年级设计的课程内容及进度之研讨	编选参考书之查书卡片编写各种建筑之设计资料定期请专家讲演
结构教研组	研究建筑工程系学生在工程结构上应如何分班选课以完成预期进度	编列各年级有关建筑结构之课程；审选各课程应列入之教材
动力组	拟定教学内容、选定教材、审查教学进度计划、检查学习、商讨本组的工作计划、编译教材、划一名词、划一制度、研究本系发展重点及计划进度	
制造组		
设计制图组		
力学组（改为全院性）		

（来源：《北京大学 1950 年各系教学研究指导组一览表》，北京大学档案馆。）

对北大工学院教研组的任务加以归纳，可以看到早期教研组的主要任务有：组织学生学习、编译教材、培养教师、讨论教学计划和教学大纲等。教研组的工作侧重点也不尽相同，如建筑系的教研组以组织同学学习为主，而土木系和电机系则将培养师资作为教研组的主要任务之一。

1951 年 5 月，为规范教研组的组成和工作范围，教育部特颁发《关于华北区高等学校教学研究指导组暂行办法》，规定教研组的基本职能为：制定和实施本组课程的教学计划和教学大纲；收集资料编写教材；交流教学经验；组织学生进行实验、实习，检查学生学习成绩；制定研究计划进行科学研究；提高教师的水平和培养研究生等。[1] 1956 年的《中华人民共和国高等学校章程草案》中明确，教研组除具有教学和科学研究的任务外，还负有提高教师和学生的政治思想水平的任务，进一步扩大了教研组的职能。

教研组制度对教师的事业发展与工作机制产生了根本影响。首先，教研组使教师组织形式发生了很大变化。教师根据所教课程的不同性质，被划分到公共课教研组、基础技术课教研组和各种专业教研组中。专业教研组一般与各系的专业相对应，负责专门训练未来工程师，讲授专业课、带

---

[1]《华北区高等学校教学研究指导组暂行办法》，教育部档案 1951 年长期卷 49，教育部档案馆。

领学生实习、进行毕业设计。专业和教研组的设立使教师按照"专业"被分门别类地组织起来。其次，教研组改变了教师的活动方式。以往，大学基本上是知识分子的自主社区，以教授为中心开展学术和教学活动。院系调整后，教授们围绕各种教研组开展工作，融入专业集体中，少有所谓"个人主义"的自由学术空间。[94]学校根据国家建设的需要来选设专业，而不像过去那样由学校根据教授的情况自主地发展某些学科。

3. 教研组与师资培养

在 20 世纪 50 年代的高等技术教育改革中，教研组不仅成为引进苏联教育制度的主要媒介，还是培养师资的基本单位。通过教研组的工作，解决了教育改革中师资不足的问题，保障了教育改革的顺利进行。1952 年院系调整后，随着新建院校的增多以及专业的分化，教师不足成为高校普遍面临的问题。主要表现一是教师数量不足。据 1952 年教育部统计，1952 年高等学校共需增加师资 2 315 人，其中工科教师 1 700 人。通过留校毕业生和研究生任助教只能解决 1 300 人。① 到 1953 年，全国高校共需工科教师 8 139 人，而实际只有专任教师 4 596 人，兼任 698 人，以兼任教师二人作一专任教师计算，尚缺教师 3 194 人。"② 很多工业院校因师资缺乏而开不出应开的专业课程，如上海交通大学缺 21 门，浙江大学缺 15 门，南京工学院 9 门，华东化工学院 5 门，山东工学院 22 门，青岛工学院 15 门，北京地质学院 13 门，重庆大学 31 门，四川大学工学院 13 门，四川化工学院 14 门，重庆土建学院 10 门。③ 二是年轻教师教学经验不足。据高等教育部统计，"1955 年全国共有助教22 422人，其中有 40％以上是三年提前毕业和两年专修科毕业的"[95]。北京工业学院共有专业课教师 160 人，学过兵工的仅 30 人，其中有 10 人还是当年刚从学校毕业的。北京钢铁学院、石油学院的助教数量占全部教师的 75％至 78％，而且半数以上是"早产助教"。全国各科专任教师的普遍状况如表 4-6 所示。

---

① 教育部档案 1952 年长期卷 69，教育部档案馆。
② 高等教育部档案，1953 年永久卷 6，教育部档案馆。
③《高等教育部检查小组对各高等工业学校教学改革工作检查报告》，高等教育部档案 1953 年永久卷 9，教育部档案馆。

表 4-6 1956 年全国各科专任教师的教学年限

级别	不满一年	一年至三年	三年至五年	五年以上
教授	20	73	178	4 159
副教授	27	113	344	2 458
讲师	374	1 620	2 864	5 115
助教	4 943	12 733	5 194	1 434
总计	5 364	14 539	8 580	13 166

(来源:《1955 年全国高等教育统计资料简编》,第 51 页。)

依托教研组培养师资是各校普遍采用的做法,收到了很好的成效。主要方法是:一是在教研组领导下个人钻研,集体讨论。年轻教师先自学要讲授的课程,再通过教研组集体讨论来帮助解决教学中的难点问题。二是组织专题报告会来提高教师水平。这些专题报告或是有经验的教师所做的教学方法、工作总结,或是苏联专家开设的专门讲座。三是在教研组帮助下,请助教直接开课,在开课前由教研组协助教师备课并进行试讲,试讲通过后才能去讲课。当时对青年教师应系统地提高基础知识为主还是应围绕教学任务学习有很多看法。苏联专家阿尔希波夫建议:"在当前师资缺乏的情况下,应该是教什么学什么,有条件时再减少其教学任务,系统地提高基础知识。"[1] 这种"教什么,学什么"的教师培养方式取得了一些立竿见影的效果,短期内解决了师资不足的问题。据统计,到 1954 年底清华大学通过这种方式共培养了 153 名助教开课,占开课教师总人数的 52.7%。这种方式也得到了部分学校的认可,如大连工学院指出:"只要是业务上较有基础的教师,他在教学实践中的提高比脱离教学单纯进修准备开课的效果更迅速有效。"南京工学院认为:"只要有足够资料(苏联的教学大纲、苏联教材、教学参考书等),在教研组的计划领导下,在职培养是很好的方法。"[93]但从长远来看,依托教研组只能培养传授某些知识的教员,很难培养具有高深知识、有远见卓识的教育大家。

---

① 高等教育部档案 1955 年永久卷 6,教育部档案馆。

第三节　教学制度的引入

依托专业和教研组这两种主要的教学组织，高等技术学校开始进一步引入苏联教学制度。针对不同的专业，制定相应的教学计划，每个教学计划都包括专业所开设的课程和时数。针对不同的教研组，有教研组工作计划和对教师进行考核的教学工作量制度。

一、编制各专业教学计划

教学计划由培养目标、修业年限、教学进程表（即学历）、时间分配表、教学进程计划、额外课程、实习、毕业论文（设计）等部分组成。不同的专业有不同的教学计划。它是"根据一定的教育目的和培养目标制定的教学和教育工作的指导文件，决定着教学内容总的方向和总的结构，并对有关学校的教学、教育活动、生产劳动和课外活动、校外活动等各方面做出全面安排"[96]。1952年院系调整后不久，教育部就发出《关于各高等工业学校制定教学计划的指示》和《关于制定高等学校工科本科各专业教学计划的规定（草案）》，要求各校按照专业编制教学计划。

按照苏联经验，要培养统一规格的人才，还必须采用统一的教学计划。教育部早在院系调整工作刚结束后就提出了统一教学计划的问题，明确指出："为了配合祖国大规模经济建设与文化建设的到来，有计划地培养各种建设人才，彻底改革旧教育，制定全国高等学校各专业统一的教学计划，就成为高等教育改革的中心环节之一。"① 在1953年召开的全国高等工业学校行政会议上，高等教育部再次指出："教学计划是实现培养目标的基本计划。而为了实现专业的培养目标，应该及早制定全国统一的各专业的教学计划。"② 然而，对刚刚经历了院系调整、初设专业的高校来

---

① 《关于制定高等学校工科本科各专业教学计划的规定（草案）》，教育部档案1952年永久卷7，教育部档案馆。

② 《全国高等工业学校行政会议关于稳步进行教学改革提高教学质量的决议》，高等教育部档案1953年永久卷9，教育部档案馆。

说，采用统一的教学计划有一定难度，引起了参会代表的激烈争论。考虑到各校条件不同，部分教师提出了几种向统一教学计划过渡的方案。方案一是先统一制定教学计划的原则，以后再逐步统一教学计划；方案二是制定同一专业的不同层次的教学计划，即按照师资、设备水平等将学校分成几类，制定与学校条件相适应的几种教学计划，以供不同条件的学校采用；方案三是统一部分教学计划，即先把教学计划中的普通科学课与基础技术课部分统一起来，专业课可采取各校交流经验的办法来订。苏联专家顾思明认为，专业的培养目标是完全由教学计划内容本身来体现的，一个专业有几种教学计划会造成培养目标不明确，必须要实行统一的教学计划。① 会后，高等教育部采纳了苏联专家的意见，开始统一教学计划。

修订统一教学计划的工作由高等教育部统一组织，修订方式是"专家指导、集体修订"。如在修订建筑类专业的统一教学计划时，先由清华大学的苏联专家萨多维奇、杰门节夫讲修订统一教学计划的原则和方法，再由与会代表分别负责修订。修订完成后再送苏联专家审阅，并根据专家意见再次修改。很多教师参与了修订统一教学计划的工作。根据高等教育部所作的《高等工科专业统一的教学计划审查会议情况的综合报告》，仅1953年9月到1954年5月间，就有26所院校的上千名教师、20名苏联专家以及一些业务部门的工作人员参加了编制教学计划的工作。到1954年6月为止，高教部共组织修订了132个工科类专业的教学计划，通过了120个专业的教学计划。

理工科类专业多数照搬苏联的教学计划，主要做法是将苏联大学五年制的教学计划压缩修订为中国大学四年制的教学计划。在实际修订工作中，基本上保持了苏联教学计划的主要内容，如在基础技术课及专业课上少减甚至不减学时，仅删减次要课程的学时，课程设计也参照苏联的教学计划，仅减少1～2个课程设计。从教育部所颁《关于制定高等学校工科本科各专业教学计划的规定（草案）》中规定的各类课程所占比例与苏联大学中规定的比例来看，普通技术课和专业技术课的课时比例与苏联五年制的完全一样，普通科学课占全部课程的比例为28%，而政治课所占比例较高，为10%。这也说明在建国初期的教学改革中强化了对学生的政治教育。理工科各专业之所以照搬苏联教学计划，正如陈伯达与胡乔木在综合

---

① 《顾思明专家关于修订教学计划的报告》，高等教育部档案1953年永久卷11，教育部档案馆。

大学会议中指示的，"理工科特点很少，政法较多，文科更多，学习苏联也有所不同：理工科基本上按照苏联的，政法财经方面苏联的东西可用一部分，文史方面则只能体会其精神实质，更需要有创造性，不能硬搬苏联经验"①。

表 4-7　中国与苏联的本科各类课程比例的比较

课程类别	中国四年制本科	苏联五年制本科
政治教育课	10％	8％
普通科学课	28％	30％
普通技术课	34％	34％
专业技术课	28％	28％

（来源：《高等学校工科拟定教学计划中的问题和经验》，见《人民教育》1952年11月号，第23～24页。）

1954年8月，高等教育部发出《关于在全国高等工业学校四年制本科及二年制专修科执行统一的教学计划的通知》，在全国的工科院校中开始全面实施统一的教学计划。

二、编制教学大纲与教材

教学大纲包括一门课程的目的、内容与教学方法，是教学计划的具体化。在教学计划制定后，就可以按计划制定教学大纲。工科院校专业较多，待编制教学大纲的课程在2 000门以上，高等教育部采取了先基础、后专业，由各校分工修订的办法来制定统一的教学大纲。具体做法是，先由部分院校制定某些课程的教学大纲草案，然后提交其他各校讨论，再根据反馈意见进行修改，最后由高等教育部统一组织审查，通过后由高等教育部批准实施。大量高校参与了修订教学大纲的工作，仅清华大学、天津大学等13所院校就参与了土木建筑、水利、测量、水文、建筑学5专业478份教学大纲的修订工作。修订的教学大纲也基本参照苏联的教学大纲，如当时清华大学全校有388门课程，多数课程的教学大纲是根据苏联教学大纲修订而成的。[41]115

---

① 黄松龄在1953年11月24日于南开大学教授座谈会上的讲话中提到："在综合大学会议中，经过有关代表的讨论，伯达同志与乔木同志提了意见，初步决定此二者（指文史两科）有浓厚的民族特点，理工科特点很少……"高等教育部档案1953年长期卷26，教育部档案馆。

表 4-8　5 专业统一的教学大纲分工制定计划

	天津大学	唐山铁道学院	东北工学院	大连工学院	同济大学	南京工学院	华东水利学院	青岛工学院	武汉大学水利学院	西北工学院	成都工学院	重庆建筑工程学院	清华大学	合计
数量	71	73	16	25	197	29	53	3	4	4	1	1	1	478

（来源：胡建华，《现代中国大学制度的原点：50 年代初期的大学改革》，第 229 页。）

　　修订教学大纲使教学内容和专业实际需要结合起来。以清华大学土木系教学大纲为例，物理教学大纲中保留了固体性质和流体性质方面的课程，删减了光学部分的课程；电工学课程中增加了工地上电机的选择、安装和运转以及外线设计等内容。强调实用性、重视与专业的联系成为这一时期修订教学大纲的主要特点，也是教学改革的主要特点。

　　在采用苏联教学计划、教学大纲的同时，高等教育部也开始组织力量翻译苏联教材。所翻译的不仅包括各种专业课的教材，还包括普通基础课的教材。以数学教材为例，从 1949 年到 1952 年前，全国各高校翻译的苏联各类数学教材就达 40 余种，其中已经出版的 4 种，已翻译完毕的 12 种，正在翻译的 21 种。参与译书活动的有北京大学、清华大学、同济大学、复旦大学、哈尔滨工业大学、大连工学院、东北工学院、东北农学院、西北大学等 18 所学校。[97] 从 1952 年到 1956 年，共出版了苏联高等学校的教材译本 1 393 种，高等学校共使用苏联各类教材 629 种。[25]61 其中有 460 门工科类的课程、95 门理科类的课程采用了苏联教材。[79]470

三、编制教研组工作计划

　　按照苏联经验，每个教研组都有相应的工作计划，它是学校教学工作计划的基本组成部分。教研组工作计划包括教研组编制、教学工作量安排、教学任务分配、教学方法工作等。编制教研组工作计划是一个从教师个人计划到学校工作计划环环相扣的过程，大致程序是：学校提出新学年的教学工作计划大纲，指出新学年教学与科学工作的基本方针与重点；各系根据学校确定的工作方针研究讨论本系的工作、对教研组的工作要求；教研组根据任务和人力情况制定具体的教研组工作计划；教师根据教研组工作计划制定个人的工作和进修计划，以保证教研组工作计划的实现。在此基础上，系再根据本系各专业的教学计划和教研组的工作计划制定系的工作计划；校行政部门对各系及教研组的工作计划进行审批，并按计划组织检查与交流经验。通过"校—系—教研组—系—校"这种"自上而下、自下而上"的计划编制过程，将教研组工作计划纳入学校统一的计划当中，强化了对教师教学工作的组织和管理。

为推进教学改革，提高教学工作的组织化和科学化程度，1955年高等教育部决定依照苏联大学的经验试行教学工作量制度，以此作为对教师考核的依据。鉴于政治学习与俄语进修等其他非教学活动所占时间太多，中方制定的教师教学工作量标准较苏联标准稍低，并执行高、低两个标准。低标准工作量约相当于苏联工作量的70%左右，高标准工作量约相当于苏联工作量的80%左右。教学工作量制度最初只在少数工科院校和综合性大学、师范院校、医科院校中试行，1957后被废止。

表4-9　中国与苏联教师年教学工作量的比较（单位：小时）

	苏联	中国	
		低标准	高标准
教学研究组主任	540～660	400～450	450～500
教授、副教授	660～780	480～530	530～580
讲师	720～840	520～570	570～620
助教		540～590	590～640
每日工作时间	6	6	

（来源：胡建华，《现代中国大学制度的原点：50年代初期的大学改革》，第277页。）

到1956年，经过院系调整、设置专业和教研组、编制教学计划、教学大纲以及大量翻译和使用苏联教材，中国的高等技术教育从办学体制、教学组织、教学制度和教学内容等各个层面实现了向苏联教育模式的转换：通过设立专业和教研组使教学工作专门化；编制教学计划和教研组工作计划使教学工作计划化；统一教学计划和教学大纲使教学工作标准化。随着这种教育模式的转换，完成了苏联高等技术教育制度向中国的转移。在随后的两章中，本书将以清华大学和北京石油学院的高等技术教育改革为"滤镜"，微观透视20世纪50年代苏联高等技术教育向中国转移的方式和中国高等技术教育的一些变化。

第五章　案例研究一：清华大学

清华大学原是一所深受美国模式影响的综合性大学，它的教材多数取自美国大学，用英文授课的教师也以留美归来的清华留学生为主，是民国大学的典型代表之一。1952 年院系调整期间，清华大学被调整为由 8 个系、22 个专业构成的苏联模式的多科性工业大学。可以说，院系调整成为"新""旧"清华大学的一道分水岭，清华大学的师资队伍、课程设置及教学内容都发生了彻底的变化，建国后的"新清华"与建国前的"旧清华"渐行渐远，完全割裂。

第一节　清华、北大、燕京三校的院系调整

1952 年 6 月 25 日，教育部成立京津高等学校院系调整办公室，由张宗麟、李曙森、张景钺、陈士骅、周培源、钱伟长和何东昌等来自教育部和京津各校的 26 位代表组成。清华和北大也建立了相应机构组织实施院系调整工作。清华大学院系调整筹备委员会由刘仙洲担任主任委员，北京大学教务长陈士骅担任副主任委员，钱伟长、李酉山、张微任教学、人事、校舍及设备组组长。这标志着酝酿数年的清华、北大、燕京的调整工作正式进入实施阶段。

一、设置专业

院系调整的第一步是明确学校的专业设置。1952 年 7 月 2 日，清华大学院系调整筹备委员会召开工作会议，成立土木、机械、电机、化工、营建 5 个专业研究组，讨论清华大学的专业设置。

教育部成立京津高等学校院系调整办公室的通知（教育部档案 1952 年长期卷 11）

清华大学筹备委员会第一次会议记录（教育部档案 1952 年长期卷 11）

在确定专业时主要考虑几方面的因素，首先考虑工业部门的需要。当时工业部门根据生产需要向清华提出了六七十种要设立的专业和专修科，研究组考虑学校的师资和办学力量，结合工业部门需要的缓急程度，确定设置机械制造工程、金属切削机床及工具、汽车、工业及民用房屋建筑等专业。其次考虑专业间的配套发展。虽然专业是人才培养的方向，每个专业都有独立的教学计划，但从学科完整性的角度出发，相关专业还应配套发展。研究组在考虑专业设置时充分注意到了这一点，为某些专业彼此配合全面发展留下了较大空间。如当时铸造机及铸造工程专业和金属压力加工及压力机专业的师资奇缺，实际上并不具备设立的条件，但是考虑到机械制造专业中锻铸、切削、热处理不可偏废，最终决定设立这两个专业。第三是借鉴苏联多科性工业大学的经验。清华大学主要参照苏联列宁格勒工业大学的经验设置专业，并采用列宁格勒工业大学的教学计划。①

---

① 《关于清华大学水利工程系专业设置及教学计划的报告》，清华大学档案馆，2—3—105。

在全面学苏思想的影响下，一些有条件设立且确有需要的专业，因苏联没有而未予设立。如当时土木系研究组考虑到工业界对房屋建筑及水工结构的地基工程师的迫切需要，提出设立工程土壤学专业，清华大学土木系有杨式德、陈效忠等 3 位教授，还有一位助教，师资力量较强，但因苏联大学中没有该专业而未予设立。类似的还有流域规划与河道整理、市镇计划两专业。市镇计划主要培养掌握城市规划，有一定建筑设计水平的人才，师资方面有梁思成、吴良镛、程印铨等，已有一定的办学经验，但因苏联无此专业，且没有相应的教学计划而未设置。专业配置也照搬苏联经验，如学习苏联经验将暖气通风专业设在土木系，以与工业与民用建筑、工业与民用建筑结构、上下水道等专业相配合。

在某些专业的设置上也没有完全听取苏联专家的意见。如在无线电工程专业的设置上，当时教育部的苏联顾问认为清华大学电机系只应设立电力方面的专业，电讯组应被调整出来组建专门学院。后经刘仙洲、钱伟长、孟昭英、常迥等人力争，电机系电讯组才得以保留，并与北京大学电机系电讯组合组无线电工程系。建系不久，新来的校长顾问①又提出撤销无线电工程系的意见，蒋南翔校长拒绝了这个建议。然而这种情况还是少数，在全面学苏的思想影响下，往往是苏联经验占据上风，关于是否应在清华大学设立应用力学系的争执及结果尤其具有代表性。当时清华大学教务长钱伟长提议在清华大学设立应用力学系，以训练力学方面的师资。苏联专家认为设立力学专业与清华大学多科性工业大学的体系不符，部分教师也认为苏联多科性工业大学中没有设置相关专业，在清华大学设立力学系是"非牛非马"。最终反对的意见占了上风，未设力学系及力学专业。从清华大学后来设置新技术专业的需要来看，没有设立应用力学方面的专业对清华大学发展尖端专业、提高学校力学方面的教育水平产生了长期不良影响。

经过多次讨论，清华大学共设立 22 个专业，详见表 5-1。

---

① 当时的校长顾问是萨多维奇，他来自苏联列宁格勒土建学院。

表 5-1　院系调整后清华大学设立的专业

系名	专业名
（一）机械制造系	1. 机械制造工程
	2. 金属切削机床及其工程
	3. 铸造机及铸造工程
	4. 金属压力加工及加工机
（二）动力机械系	5. 热力发电设备
	6. 汽车
（三）土木工程系	7. 工业及民用房屋建筑
	8. 工业及民用房屋建筑结构
	9. 上水道及下水道
	10. 汽车干路①
	11. 工程测量
（四）水利工程系	12. 河川及水力发电站的水力技术建筑物
	13. 水力动力装置
（五）建筑系	14. 房屋建筑学
（六）电机工程系	15. 电机及电器
	16. 发电厂配电网及配电系统
	17. 工业企业电气化
（七）无线电工程系	18. 无线电工程
（八）石油工程系	19. 石油及天然气工业
	20. 石油场及天然气场用机器及设备
	21. 石油区及天然气区的开采
	22. 石油和天然气井的凿钻

（来源：《清华大学史料选编》第 5 卷上，第 517 页。）

---

① 即公路与城市道路专业。

二、调整师资

清华、北大、燕京三校人事调整的基本原则是："必须从实际出发，不能'因人设事'，要在原有基础上进行调整，尽量少变动；要照顾各部门各地区的需要，首先要满足国防建设和工业建设的高等学校的人员需要，不是平均分配；目前没有条件开课的教师尽量留校学习研究，政府要尽量照顾每个人的具体困难和要求。"[98]实际调整中，对教师的调整不完全是根据学科需要在清华和北大间进行再分配，而是兼顾京津高校、科研机构甚至京外高校的师资平衡，原清华、北大和燕京的教师大量外流到其他单位。

清华大学理学院的师资被分配到多个单位，留在清华的理科教师屈指可数。院系调整以前，清华大学理学院物理、数学、化学三系助教以上教师数量如表5-2所示。

表5-2 师资调整前的清华大学理学院三系各类教师的数量

系别	教授	副教授	讲师	助教
物理系	10	1	6	17
数学系	7*	2	13	7
化学系	7*	1	3	12

（来源：《清华大学史料选编》第5卷下；清华大学教职工名册，第715—761页。*其中数学系有兼职教授1名，为吴新谋；化学系有兼职教授2名，是张龙翔、黄新民，前者为北大化学系教授，后者在中央教育部任职。）

1952年院系调整后，叶企孙、周培源、王竹溪等人随物理系并入北京大学，吴有训、赵忠尧、彭桓武、钱三强等人调往中国科学院，余瑞璜调往东北人民大学。物理系仅留下孟昭英1位教授和徐亦庄、刘绍唐等6位青年教师，以及14位1952年新分配来的大学毕业生。数学系的段学复、闵嗣鹤、程明德等人被调整到了北京大学，徐利治、江泽坚、孙恩厚等被调入东北人民大学，数学系仅余赵访熊1位教授、3位副教授、7位讲师和23位助教。[73]178化学系除张子高教授外，其余教授都调整到了北京大学。到1966年"文革"前期，化学教研组共有教师56人，其中仅1名教授、2名副教授。[73]194北京大学的理科师资也大量外流。数学系的王湘浩、谢邦杰，物理系的朱光亚，化学系的唐敖庆都被调整到了东北人民大学。数学系的吴文俊、物理系的张宗燧、化学系的蒋明谦分别被调整到中科院数学所、北京师范大学、北京医学院等机构。

工科师资也并未全部集中到清华大学。根据《京津高等学校院系调整清华大学筹备委员会第二阶段工作报告》，院系调整中从三校调出的工科教师共45人，其中包括清华大学22人，北京大学13人，燕京大学10人。这些教师分别被调往山西大学、哈尔滨工业大学、军委工程学院、铁道部唐山铁道学院、中国矿冶学院、天津大学、北京地质学院、北京军事后勤学院、中央美术学院、中国科学院等15个单位。[21]517-529 从调整结果来看，清华大学工科方面的师资力量并未增强，反而有所削弱。蒋南翔在1953年3月写给习仲勋、杨秀峰以及中宣部和北京市委的报告中，特别指出了清华大学师资不足的问题。

院系调整后，有高级职称的教师数量锐减，年轻助教成为主体。1952年7月前，除航空学院外，清华大学土木、机械、电机、化工等8个系中共有教授40人、副教授13人、讲师28人、助教64人。而到1956年底，清华大学工科各系中共有教授44人、副教授31人、讲师120人、助教509人。与1952年7月的统计数据相比，各类教师分别增长4、18、92、445人，助教增长数量为1952年的7倍左右。

根据调整计划，教师被按照所教课程分别组织到公共理论课、公共技术课、专业课等43个教研组中。各系教研组构成情况如表5-3所示。

表 5-3 1953 年清华大学各系教研组构成情况

系	教学研究组	教师数	系	教学研究组	教师数
机械制造系	机械制造	8	土木工程系	施工	21
	金属切削	11		钢筋水泥工程材料	14
	铸造工程	11		给水与排水	8
	机械部品	16		通气通风	4
	金属工学	15		公路	5
	压力加工	6		测量	11
	工程图	18		结构力学及钢木结构	15
	小计	85		基础工程	5
动力机械系	热能发电设备	13		小计	83
	汽车与拖拉机	9	建筑系	建筑设计	15
	热工学	7		建筑史	18
	小计	29		工程设计	12
电机工程系	发电及配电输电	15		城市计划	6
	电力机械	14		美术	14
	基础电工	9		小计	65
	电力牵引	2	公共课	中国革命史	15
	电工学	7		马克思列宁主义基础	15
	小计	47		政治经济学	9
无线电讯工程系	无线电讯工程	12		俄语	42
	电真空	5		数学	41
	小计	17		物理	24
水力工程系	水工结构	12		普通化学	17
	水力利用	11		力学	40
	水力学	13		体育	21
	工程地质	3		小计	224
	小计	39	合计		589

（来源：《清华大学 1953—1954 学年度工作总结报告》，高等教育部档案 1954 年永久卷 13。转引自胡建华，《现代中国大学制度的原点：50 年代初期的大学改革》，第 270 页。）

教研组中设主任一人，由教授或副教授担任，有的还设副主任一人。与苏联大学不同的是，在清华大学的教研组中还有 1 位教学秘书，协助主任做教研组的组织及行政工作。教学秘书一般由党团员助教担任。[①][99] 随着实际工作的开展，具有党团员身份的教学秘书开始逐步干涉教研组以及系的教学和其他方面的工作，形成了"秘书专政"。这种"秘书专政"的现象在 1956 年"鸣放"期间曾被不少老教师批评。从"秘书专政"的本质来看，它其实是行政权力凌驾于学术权力上的一种表现。这也是中国教育改革与苏联教育制度的一个很大的区别。

三、调整仪器设备

调整仪器设备的原则是："一、仪器设备的调配，各院校应从整体利益出发，照顾全面，防止和反对调配过程中可能产生的本位主义与平均主义；发扬互让、互助和充分协商的精神。做到'物尽其用'，使每件设备能够发挥它的最高使用率。二、各院校仪器设备的增加或减少，均以 1952 年至 1953 年的教学研究任务的需要为准则。未经中央教育部特许者，一概不得超出此范围。三、凡被调整的系科，其仪器设备属于教学业务上所必需的专门性质者（包括 1951 年在国外订购部分），原则上随系科转移。基础课程的仪器设备，原校其他系科确有需要时，得给以适当照顾。"[②] 清华大学在调出部分院系的同时，也将部分图书资料和教学设备调到其他院校。据清华大学的统计，1952 年院系调整后，共有 13 000 余册理工科图书被调整到外校。1953 年向东北大学调去线装古籍 16 788 册，1958 年又向内蒙古大学、中国人民大学、延安大学等 14 个单位调拨中西日文书刊 16 万册。[41]580 北航新成立时共从清华、京工等校航空院系带来图书 1 652 册。北京地质学院成立时从清华调来四缸汽油发电机、单缸汽油机、单缸柴油机、单缸立式空气压缩机、碎石机等 25 件机器设备。[③] 在石油工程系调往北京石油学院时，原归石油工程系使用的一些教学仪器、药品等也随之调配到石油学院。

---

① 在苏联大学中，教研组中仅设 1 位教研组主任领导工作，不设秘书之类的职位。教研组主任由教授担任，副教授担任教研组主任的仅是个别。教研组主任的人选由校长推荐，并经高等教育部批准方能确定。因此，教研组主任的地位很高。
②《仪器设备调配原则》，1952 年 9 月 6 日，北京大学档案馆，档号：2011952017。
③《北京地质学院机械教研组留用清华大学部分机器名单》，1953 年 4 月 4 日，清华大学档案馆。

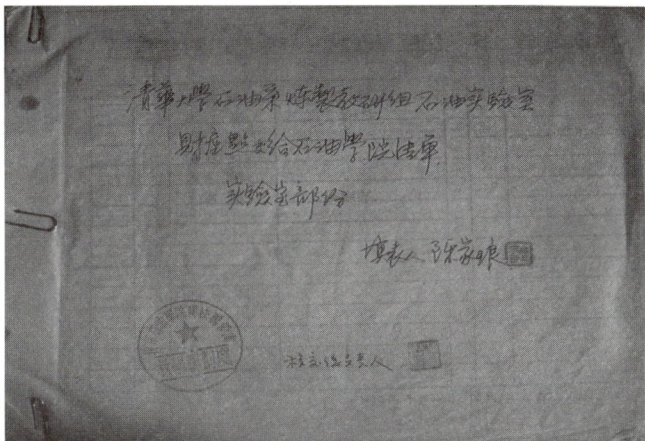

清华大学调整到北京石油学院的部分设备清单，中国石油大学档案馆

　　1952 年 9 月底，清华大学完成了人事、设备的调动与搬迁，院系调整工作顺利完成。经过调整，清华大学"从根本上清除了从欧美资产阶级抄袭过来的盲目设立学校及其系、科的混乱现象；削减了因人设课的弊端，大大地改善了课程内容的庞杂、重复、脱节、矛盾重重的情况，初步克服了自由主义的教学作风"[100]。

第二节　清华大学的教学改革

　　1952 年 10 月，清华大学正式开学，工作重心由院系调整转入教学改革。为尽快掌握教学环节，清华大学校党委会议提出了"三年过河"的目标，即用三年（1952 年秋至 1955 年秋）左右时间，初步掌握苏联五年制的主要教学环节和教学方法，使教学工作基本过关。教学改革主要包括三方面内容，分别是改革学制、制定并完善各类教学文件、掌握苏联各教学环节。

一、改为五年制

　　1952 年以前，清华大学一直采用学年学分制，学生在校修业年限为四年，所学课程按照学分计算，在规定的年限内修满规定的学分方可毕业。

与学分制并行的是选课制，学生在每学年开学前可参照各系规定的课程表选定要修习的课程。院系调整后，清华大学取消学分制与选课制，将所有课程都改为必修，执行四年制的教学计划。之所以坚持实行四年制而不学习苏联实行五年制，主要是考虑到，"如果把四年制改为五年制，就等于五年内少毕业一班本科学生——相当于少培养近两万技术干部，这是无法允许的。高等工业学校采用四年制在现阶段是唯一可行的办法"[101]。

教学中尽量采用苏联教材，而不再用旧教材。根据钱伟长所做的《一九五二年度教学工作总结》："全校除中国建筑史、新民主主义论等课程应该要用我们自编的教材以及其他少数实在找不到苏联的教本的课程外，一般都采用了苏联教材，大部分是全部采用的，小部分是部分采用的。像机械制造系上学期一共开了 17 种课，门门都采用了苏联教材，有 14 种是全部采用的[102]。"在数学系所开的 15 门课程中，参考和试用苏联教材的就有普通微积分、微分方程、高等代数、近世代数等 6 门。[72]

实行四年制、仓促开展教学改革带来很多问题，教师和学生都感到负担重，压力大。对教师而言，各种政治学习、制定教学计划和编译教材等耗去了大量精力，能用于教学工作的时间十分有限。对学生而言，由于大量扩招，学生程度参差不齐，缺乏可用的学习资料，难以有效地预习和复习。教师和学生都感到十分忙乱，"教师忙着赶进度，学生忙着赶习题"①。教师和学生的负担都很重，"教师每周工作一般超过 60 小时，学生每周的学时一般超过 54 小时"②[103]。由于教师对所讲的内容不熟悉，甚至还出现教学错误，如有的教授讲"苏维埃政权加全国电气化等于共产党"[69]113。教师教的费劲，学生学的也不轻松，学生反映很多课程像"听天书一样"，一年级中有 20％跟不上班，投影几何常被学生称为"头痛几何"。

---

① 《蒋南翔校长向高教部汇报教学改革情况底稿》，清华大学档案馆，1—53001。
② 《关于学校情况及解决师资和学制问题向中央的报告》，1953 年 5 月 31 日。

关于学生负担过重的漫画，来自 1956 年 11 月 27 日《新清华》

教学中的忙乱现象引起了中央和教育部门的重视。1953 年 1 月 22 日，《人民日报》发表社论"高等学校的教学改革应当稳步前进"，批评部分高校在教学改革中因操之过急而产生的忙乱现象。清华也采取一系列措施来克服忙乱现象，如将学生按程度分班上课、放慢讲课进度、保证教师工作时间等，忙乱现象稍有缓解。教学改革中的忙乱现象也使蒋南翔等校领导认识到，要把苏联教学工作的一整套方式方法学深学透，四年时间显然不够，必须实行五年制。1953 年 3 月 31 日，蒋南翔在《向习仲勋、杨秀峰、中宣部、北京市委并中央的报告》中提出，"为了使清华大学能够更有效地担负起培养工程师及高等工业学校师资的任务，……希望把清华大学的学制改为五年制"[69]。1953 年 5 月，蒋南翔就清华大学教学改革的情况向高教部做了汇报，再次提出实行五年制。他在报告中提出："现在我国高等工业学校的学制一般为四年，根据苏联的经验，要培养具有高度质量的工程师，四年的学习期限是不够的；将来我国高等工业学校的学制，必须学习苏联的榜样，有计划有步骤地逐渐改为五年制，同时现在就须选定适当学校，首先典型试验，以便及早取得创办五年制高等工业学校的经验，将来好向其他学校推广。清华大学过去的基础较好，同时又靠近中央的领导，是具有较好条件来试办'五年制'的学校之一[103]482。"1953 年 6 月，中央文委及高教部批准清华大学的本科改为五年制。从 1953 年 9 月起，清华大学开始采用五年制。

二、制定教学文件

根据教学改革的要求，清华大学在苏联专家的帮助下组织教师编制了教学计划、教学大纲等教学文件。与之前的教学内容相比，教学中增加了实践教学环节，如课程设计、毕业设计等，把生产实习列入教学计划。教学计划在突出技术教育的同时，强调进行专门的技术训练。即使同一门课程，在不同专业中的学时数要求也不一样，讲授时也各有侧重。如1953年制定的五年制教学计划中，土木系、机械系与电机系三个专业中部分课程的学时差别如表 5-4 所示。到 1954 年，清华 21 个专业都有了教学计划。[104]

表 5-4 土木系、机械系与电机系专业部分课程学时比较表

课程	工业及民用建筑专业					机械制造专业					发电厂及配电系统专业				
	总计	讲课	实验	练习	设计	总计	讲课	实验	练习	设计	总计	讲课	实验	练习	设计
高等数学	360	180		180		376	188		188		412	206	18	188	
普通化学	102	52	50			102	68	34			102	68	34		
物理学	216	116	50	50		232	120	88	24		250	132	82	36	
画法几何	108	54		54		90	54		36		210	54		156	
工程画	80			80		184*			184						
理论力学	184	100		84		202	109		93		174	96		78	
材料力学	188	96	16	64	12	204	104	32	68		152	84		52	
机械零件	64	32		32		174	90		36	48	230	132	16	18	64
机械原理						138	86	16	18	18					

（来源：根据《清华大学志》上卷中三个专业的教学计划制作，见《清华大学志》上，第108～114页。＊机械制造专业没有工程画一课，而是机械制图。）

教学大纲的编制工作主要突出几个重点，一是内容结合专业的要求，大量删减与本专业无关的内容；二是注重强调思想政治性。如机器零件教研组将中国历史上的机械发明、机械工业的发展状况都收入到教学大纲中，物理教研组修订的普通物理教学大纲中则增加了物理发展史上唯物论对唯心论斗争的内容。杰门节夫还建议学校指导教师研究中国古代的工程以及发明，这也推动了清华大学对中国古代科技史的研究。[105]三是注重减少课程间的内容重复，对重复部分进行删减。为避免教学内容的重复，萨

多维奇提出了"层层验收"教学大纲的办法，即由专业教研组验收基础技术课教研组各门课程的教学大纲，基础技术课教研组验收基础理论课的教学大纲。实行五年制以后，学校基本上照搬了苏联五年制的教学大纲。据学校1954年的统计，全校开设的388门课程中，290门有苏联的教学大纲，占全部课程的74.7%，自编大纲的占10.8%，没有大纲的占14.4%。[1]

三、掌握教学环节

教师在苏联专家帮助下开始掌握苏联教育制度中的各个教学环节，主要包括讲课、实验与实习、课程设计与毕业设计等。讲课分备课、课堂讲授两部分。苏联极为重视教师的备课工作，"不备课就等于犯罪"[106]。备课不仅要阅读并熟悉教材，而且要考虑讲课时的各个环节，选出课程的难点、重点，考虑讲授的方法、板书的设计、章节的标题，准备教具等。由于大多数年轻教师没有教学经验，清华大学采取成立备课小组、组织教师试讲等办法提高备课质量。讲课内容也结合专业，并注重与实践相结合，如土木专业的化学课不仅要讲授溶液、水化物等，还要讲授水泥的相关内容。教学中还增加了习题课，习题课的题目大多选自苏联习题集，内容多与实际工作相关。

实验课的教学方式也发生了较大变化。院系调整前，实验课的教学多是先由教师讲授实验内容和要求，然后再由学生具体操作。苏联专家建议在实验课中应培养学生独立工作能力，在实验安排上尽量保证1人1组，由学生自己根据实验指示书预习并在教师的指导下独立完成实验。为开好实验课，清华大学着力加强实验室建设，到1954年底，已建成各类实验室及模型陈列室47个，能开出包括基础理论课全部实验的105门实验课。实习活动也有相应的指导文件，即实习大纲。到1954年底，除拖拉机、建筑机械及设备、电子管制造专业外，其余18个专业已编译66份实习大纲，其中19份直接采用苏联的，17份用哈尔滨工业大学的，另有30份是清华大学根据苏联大纲编译而成的。[2]

课程设计和毕业设计是教学中新增环节，它们主要检验学生对所学知识的综合运用能力，培养学生独立解决技术问题的技能。在苏联技术教育

---

①②《清华大学工作检查汇报》，高等教育部档案1954年长期卷18，教育部档案馆。

中，主要技术基础课和专业课都有课程设计，学生在五年中共需要完成 5 到 6 个课程设计和 1 个毕业设计。清华大学将掌握课程设计和毕业设计方法作为教学改革中的重点，在苏联专家指导下，教师基本掌握了课程设计和毕业设计的基本方法。据统计，到 1954 年，全校共有 79 门课进行了课程设计，指导教师达 189 人。1955 年，学校开展了第一次大规模毕业设计工作，全校四年制 11 个专业的毕业生共 578 人参加了毕业设计工作，152 名教师及研究生参加了毕业设计的指导工作。这次毕业设计历时 16 周，共完成 19 种设计题目。在学校 7 月组织的毕业设计答辩中，获得优秀（5 分）的有 291 人，占 57%。

无线电系 1955 届学生毕业设计展[1]

从 1952 年 9 月到 1955 年 9 月，教师们基本掌握了苏联技术教育中的主要教学环节，其中有 11 个专业还将苏联高等学校全部的教学过程——讲课、辅导、习题课、家庭作业、实验、考试、生产实习、课程设计、毕业实习、毕业设计等系统地操作一遍。1956 年 2 月，蒋南翔在校内的第十次教学研究会上总结了全校三年教学改革的经验，指出，"在教学制度、教

---

[1] 清华大学电子工程系建系 50 周年画册《创业　奉献　追求》第 28 页。

学内容、教学方法和教学组织上，清华大学已经做了根本的改革"①[103]614。

第三节　无线电工程系的变化

"新清华"与"旧清华"传统的割裂不仅表现在院系调整及对系科和教师的重组，以及各种教学文件的制定上，还表现在教师队伍的代际更替、课程设置和教材内容等细节的变化上。正是这些深入而全面的变革，使清华大学技术教育的思路和内容发生了彻底改变，对清华大学乃至中国的高等技术教育产生了深远影响。清华大学无线电工程系师资、课程设置和教材的前后对比可以很好地说明这种变化，以及新旧传统的延续与断裂。

一、教师队伍的更替

通过院系调整和教学改革，清华大学的教师群体发生了很大变化，实现了从以留美归国人员为主向留苏或者跟随苏联专家学习的新教师群体的转换。

1. 电机系时期的教师群体

1932年，清华大学成立工学院，下设机械、电机、土木三系。其中电机系分设电讯组和电力组，教师主要有倪俊、李郁荣、任之恭等人。倪俊毕业于美国康奈尔大学，李郁荣毕业于美国麻省理工学院，任之恭毕业于美国哈佛大学。1936年，清华大学在湖南长沙建立无线电研究所，分设超短波和真空管两个研究室开展研究工作，凝聚了任之恭、叶楷、孟昭英与范绪筠等一批无线电方面的人才。叶楷为哈佛大学博士，专门研究充气管及其特性等问题；孟昭英1928年毕业于燕京大学物理系，30年代曾在美国加州理工学院留学并取得博士学位，1943年到1946年间再度赴美，被聘为加州理工学院教授、麻省理工学院研究员。他在微小电子管、微波波

---

① 蒋南翔在清华大学第十次教学研究会上的报告。见《清华大学三年来教学改革的基本总结和今后的任务》，1956年2月8日。

谱方面有很多开创性的工作，曾用自制的微型电子管获得 1 cm 波长的连续振荡，创造了当时世界用电子管获得的最短振荡波长记录；范绪筠为麻省理工大学博士，专门研究低压放电等问题。[107]西南联大时期，清华、北大、南开三校集中办学，北大的朱物华、南开的张友熙等教师也在电机系讲授相关课程，当时朱物华主要讲通信网络，张友熙讲无线电原理。

清华大学无线电研究所研究人员合影（昆明，20 世纪 40 年代）①

　　1946 年清华大学北归复员后，电机系教师队伍变化较大。叶楷、任之恭去了美国，孟昭英随无线电研究所一起并入物理系，但仍承担电机系的教学工作。常迵、闵乃大相继来清华任教。常迵曾就读于北京大学物理系，后转入清华大学电机系，1940 年毕业后赴美留学，1945 年获美国麻省理工学院硕士学位，1947 年获美国哈佛大学博士学位，同年回国在清华大学任教。闵乃大从德国留学归来，主要从事电讯网络方面的研究和教学工作。

---

① 清华大学电子工程系建系 50 周年画册《创业　奉献　追求》第 12 页。

孟昭英在美国等船回国时（1946年）①　　　常迵获博士学位（1947年）②

2. 苏联专家的过渡作用

1952年调整建立无线电工程系时期，仅余孟昭英、常迵以及一批年青教师，如吴佑寿、陆家和、陆大金、南德恒、冯庆延等数人，是当时全校教师最少、平均年龄最小的系。从1953年起，陆续有苏联专家来无线电工程系任教。到1960年，无线电工程系先后共聘请了10名专家来校工作。这批专家不仅解决了无线电工程系师资不足的问题，而且在新老教师队伍的更替过程中起了桥梁作用。

第一位来无线电工程系工作的是苏联专家霍佳阔夫。他来自列宁格勒电讯学院，专长是无线电发送设备，在清华大学无线电工程系工作两年，于1955年8月回国。随后又有勃里斯库诺夫、萨普雷金来校工作，前者的专长是电子离子器件及工艺，后者的专长是电视，他们在无线电工程系工作到1957年6月。1957年以后又先后聘请了鲍里索夫、郭洛瓦涅夫斯基、奇尔金、潘宁、托尔斯佳柯夫、契斯佳柯夫、马切涅夫等苏联专家。来校专家在无线电方面各有专长，几乎覆盖了无线电工程系的各类主要专业技术课程。1958年之前所聘专家的聘期多为两年，1958年以后的聘期多数都为一年，其中马切涅夫1960年5月来校，1960年8月离开，仅在清华

---

① 摄于孟昭英纪念展。
② 清华大学电子工程系建系50周年画册《创业　奉献　追求》第10页。

工作了3个月。从学历上来看,这些苏联专家都是副博士,从职称上来看,除勃里斯库诺夫、契斯佳柯夫为讲师外,其余专家都是副教授。

表5-5 在清华大学无线电工程系工作的苏联专家

专家姓名	工作单位	职别	专长	在校工作时间
霍佳阔夫	列宁格勒电讯学院	副博士副教授	无线电发送设备	1953.11—1955.8
勃里斯库诺夫	列宁格勒电工学院	副博士讲师	电子离子器件及其工艺	1955.9—1957.6
萨普雷金	列宁格勒航空仪器制造学院	副博士副教授	电视	1955.9—1957.6
鲍里索夫	莫斯科动力学院	副博士副教授	超高频接收,多路通讯	1957.7—1959.12
郭洛瓦涅夫斯基	列宁格勒电工学院	副博士副教授	电真空	1958.9—1960.7
奇尔金	列宁格勒电工学院	副博士副教授	非线性半导体电阻、晶体管	1958.10—1959.8
潘宁	莫斯科动力学院	副博士副教授	无线电放大、无线电通讯理论	1958.12—1959.10
托尔斯佳柯夫	列宁格勒电工学院	副博士副教授	雷达	1959.12—1960.8
契斯佳柯夫	莫斯科工程物理学院	副博士讲师	气体放电物理及离子器件	1959.12—1960.2
马切涅夫	高尔基无线电物理研究所	副博士副教授	天线	1960.5—1960.8

(来源:根据《清华大学志》与清华大学档案外112、113、115制作。)

除苏联专家外,无线电工程系在50年代后期还曾请到两位民主德国专家。他们分别是德累斯顿工业大学的米尔德教授和东德罗斯托克大学的朗格教授。这一时期的无线电工程系还从科学院、电子管厂等单位请来阴极专家张恩虬、半导体专家王守武、胡汉泉总工程师、吴鸿适副总工程师、王迁总工艺师等来校讲学。他们为无线电工程系开设各种专业课程、培养研究生,大大提高了教师水平。

无线电工程系师生与苏联发送专家霍佳阔夫合影（1954 年）①

3. 成长起来的年轻教师

在苏联专家和老教师的共同培养下，一批年轻教师成长起来，如孙观潮、冯庆延、李志坚、周炳琨等。他们或是毕业留校后就开始参加系里的教学工作，在"战斗中成长"起来，如吴佑寿、孙观潮、冯庆延等；或是留苏归来的人员，如李志坚 1951 年浙江大学物理系毕业，1953 年留学苏联列宁格勒大学，1958 年获物理-数学副博士学位后到清华任教，负责半导体方面的科研工作；周炳琨 1956 年从清华大学无线电系提前毕业留校任教，1956—1958 年到成都电讯工程学院随苏联专家进修微波电子学，1960年赴苏联列宁格勒电工学院进修，参加了苏联第一批红宝石激光器的研究工作，回国后组建激光研究小组。

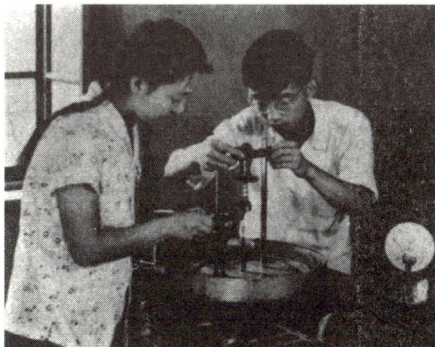

半导体专业的师生在试制单晶硅（1959 年）②

---

① 清华大学电子工程系建系 50 周年画册《创业 奉献 追求》第 94 页。
② 清华大学电子工程系建系 50 周年画册《创业 奉献 追求》第 28 页。

到 1956 年以后，随着"反右"运动的开展，孟昭英、常迵等教授被划成"右派"，离开了教学一线，年青教师逐渐成为无线电工程系教学和科研的骨干。当时由吴佑寿、朱雪龙负责无线电通讯方面的研究工作；张克潜领导电真空方面的研究工作；李志坚负责领导半导体方面的研究工作，激光方面的研究则由周炳琨负责。这批在新的意识形态下培养出来的"红色专家"取代了在美国模式下成长起来的老专家。

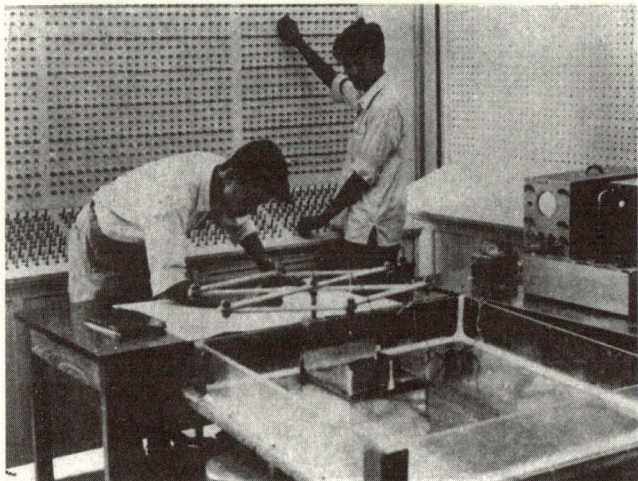

教师在电子光学实验室进行电解槽的调整与测试（1959 年）[1]

二、课程设置的变化

民国时期，清华大学电机系秉承通才教育的理念，在课程设置上重视基础训练，学生在一、二年级时以学习基础课为主，如普通物理、化学、电工原理、力学、机件学等，同时还可以跨系选课。根据要求，学生在前三年的学习中要选学机械系开设的机械工程画、应用力学、热机学，土木系的测量、工程材料学，数学系的高等微积分等课程。学生们也会选修或旁听一些名师开设的课程，如周培源开设的理论力学、王竹溪讲的热力学、余瑞璜的光学、钱三强的原子物理、彭桓武的量子力学等。到三年级以后系里会开设一些专业课程，如电工原理、热力工程、测量、电工高等数学等。到第四学年时开始按照电力和电讯组分别授课，电讯组的学生要学习电讯网络、电讯原理、无线电等课程，此外还有一些选修课程和专题

---

[1] 清华大学电子工程系建系 50 周年画册《创业　奉献　追求》第 28 页。

研究，如电磁论、电话设计、真空管制造、无线电设计等，在毕业时完成一篇毕业论文。

西南联大时期及至清华大学复员，电机系电讯组的课程设置基本上没有太大的变化。当时电讯组课程设置情况见表5-6。从表中所列课程可见，主要的专业课程有电讯网络及电讯网络基础、无线电原理、无线电大意、无线电设计、电波学、超短波等。随着常迵、闵乃大等人从国外归来，教学内容也有所更新。常迵除讲授电子线路的振荡、放大、变频和调制解调外，还介绍传输线、微波、波导、定向天线等新技术。钟士模为学生开设了瞬变分析课程，而闵乃大主要讲网络设计方面的课程。[108]7-13

院系调整后，无线电工程系的课程分为四种类型。一是公共课程，包括马克思主义政治理论课、体育、外语等。二是基础理论课程，包括高等数学、普通物理、普通化学、理论力学、材料力学等。三是基础技术课程，主要有画法几何、工程画、机械原理和机器零件、电工基础、电子学等。四是专业课程，包括无线电基础、电子管、放大与整流设备、无线电接收设备、无线电发送设备等。比较电机系电讯组时期的课程设置，无线电工程系的各门课程设置更专业化。基础技术课方面，除画法几何、机械原理和机器零件等课外，电讯组时期的交流电路、电磁测验、热机学、电报电话、测量等课程均被取消。专业课课程门数有明显的增加，其中有很大一部分课程是以"设备为纲"的，如电子管、放大与整流设备、无线电接收设备、无线电发送设备、天线等，还有部分课程是按照生产环节来设置的，如无线电量计、无线电器具的制造、无线电材料等。专业课程中从量计、材料到设备、制造等应有尽有，保证了人才培养的专门化。

表5-6　工学院电机系电讯组与无线电工程专业课程表比较

工学院电机系电讯组（1947年）	无线电工程专业（1952年）
三民主义	马列主义基础、新民主主义论
国文、英文	俄文
经济简要	政治经济学
普通物理	物理
普通化学	普通化学
微积分、微分方程	高等数学
画法几何、工程画、机械工程画	画法几何和工程画

续表

工学院电机系电讯组（1947 年）	无线电工程专业（1952 年）
应用力学	理论力学
材料力学	材料力学
机件学	机械原理和机器零件
金工实习	金属工学
电工原理	电工基础
交流电路	电工量计
电磁测验	电力机械
测量	无线电基础
热机学	电子管
电报电话	放大与整流设备
直流电机	电波的辐射
实用电子学	无线电量计
工程材料学	无线电接收设备
高等微积分	无线电发送设备
交流电机	天线
电讯网络	无线电器具的制造技术
无线电原理	无线电材料
电波学	无线电工业经济
电报学（选修）	无线电企业的组织和计划
无线电大意（选修）	保安与防火技术
电工数学（选修）	体育
电话工程（选修）	专业课程
无线电设计（选修）	
超短波	
应用声学	
电讯网络理论	

（来源：根据《清华大学志》制作。）

三、教材的变化

1952 年以前清华大学大部分课程均采用英文教材，电机系的课程亦不例外。其中清华大学电机系电讯组所用教材情况统计如表 5-7。如表所示，电机系电讯组四年所开课程中，采用的英文教材占全部教材总数的 89％。有些课程没有教材，只有自编的讲义或参考书，但这些参考书也均系英文。从各种英文教材的出版时间来看，当时清华大学使用的英文教材大多数是美国大学 30 年代新版的教材。抗战时期，中国饱受战火摧残，大学办学条件十分艰苦，在内迁西南的十余年间，清华大学各门课程所用教材没有太多更新。

表 5-7　1937 年清华大学工学院电机系电讯组所用教材统计

教材	作者	版次（年）
大学普通物理学	萨本栋	
Elementary Economics，Macmillan	Fairchild Furniss & Buck	1931
Descriptive Geometry	Anthony and Ashler	1909
Engineering Drawing	French	1935
Engineering Mechanics	Frank L. Brown	1931
Elements of Mechanism	Schwamb and others	1930
经验计划	刘仙洲	
微分方程初步	郑桐荪译	
Elements of Strength of Material	Timoshenko	1936
Elements of Heat Power Engineering，Part I	Hirshfeld，Barnand & Ellenwood	1933
Hydraulics	Schoder and Dawson	1935
Surveying，Vol. I	Breed and Hosmer	1931
Surveying，Vol. II	Breed and Hosmer	1934
Materials of Construction	Mills andHayward	1926
Principles of Electrical Engineering	Timbie and Bush	1922
Principles of Direct-Current Machines	Langsdorf	1931
Principles of Alternating Currents	Lawrence	1935
Principles of Alternating Current Machinery	Lawrence	1921
A Text Book of Telegraphy	Stone	
Telephone Theory and Practice，Vol. 1	Miller	1933

续表

教材	作者	版次（年）
Telephone Theory and Practice, Vol. 2	Miller	1933
Telephone Theory and Practice, Vol. 3	Miller	1933
Communication Engineering	Everitt	1932
Communication Network, Vol. I	Guillemin	1931
Transmission Circuits for Telephonic Communication	Johnson	1931
Radio Engineering	Terman	1932
High Frequency Currents	Mcilwain and Brainerd	
另有8门课程有讲义，2门课程无讲义，只有英文参考书		

（来源：根据 1937 年国立清华大学一览制作。）

1949 年以后，各校响应教育部号召，开始编译出版一些中文教材。无线电方面的教材主要有沈庆垓①的《应用电子学》、陈季丹的《无线电原理》。《无线电原理》的底本是美国克鲁弗脱实验室编著出版的《电子管及其电路》，由交大的陈季丹、刘士中、韩锦海、朱物华、沈尚贤等翻译。1952 年，《应用电子学》和《无线电原理》由商务印书馆和龙门书局出版后很快成为各大学主要的教科书，清华大学也采用了该教材。在采用中文教材的同时，电讯组还使用一些英文参考书，如 Terman 的《Radio Engineering》。② 但这种情况仅是个别，过渡时期因不敢继续使用英文教材，很多课程又没有中文教材，学生只好通过记笔记来学习和复习。据姜昌回忆："解放前我们上课时大多无教材，除周培源先生的理论力学编著有一本油印的讲稿外，其他教授的讲稿都放在他们的公文包中，也很少出示同学，他们都在上课时才写在黑板上。"[108]11

院系调整期间，清华大学组织教师大量编译苏联教材，仅 1952 年学年度中"每天出版量平均达 20 万字"[102]。无线电工程系的教师们在孟昭英

---

① 沈庆垓，1942 年毕业于浙江大学电机系，后受教育部资助公费留学英国。1947 年回浙大电机系任教。孟昭英在准备建立清华大学电真空专业时，曾派人专程赴杭邀沈来校工作，但当时南京工学院抢先一步请他去南京工学院工作。在南京工学院，沈庆垓协助陆钟祚创建了南京工学院电真空专业。

② Terman 是美国斯坦福大学工学院的院长、电子工程系教授，他编著的《Radio Engineering》有多个版本，曾经是中国大学无线电教学中所用的主要教材。

的带领下翻译了《无线电基础》和《电子管》两部俄文教材，"成为院系调整后最早出版的无线电方面的俄文教科书"[108]34。《无线电基础》分上、下两册，底本是 1947 年苏联通讯和无线电出版社出版的阿谢也夫（Б. П. Асеев）所著《无线电基础》（Основырадиотехники）。《电子管》也分上、下两册，底本是符拉索夫（В. Ф. Вдасов）的《电子管》（Здектровакуумныэприборы）。这两部书都是经苏联高教部审订过的高等通讯学专用教科书。与 Terman 所著的《Radio Engineering》比较，符拉索夫的《电子管》注重介绍苏联在无线电研究和生产方面取得的各种成就，有"政治思想性"。内容比英美教材更为细致，如"电子管构造"一节在 Terman 的《Radio Engineering》中仅用了将近一百字，而在苏联的教科书中却用了一节，译成中文后足有 5 页，详细介绍了电子管的各个部分、形状、所用材料、焊接和安装的方法等。

清华大学无线电工程系引入的苏联教材示例

1953 年以后，苏联专家编制的讲义成为无线电工程系的主要教材，所编讲义情况如表 5-8。苏联专家的讲义大部分由高教部正式出版，没有出版的也由学校印行后分发给各单位作为交流学习的材料。如霍佳阔夫编写的《无线电发送设备》讲义曾是高等学校交流讲义。

表 5-8　苏联专家编写的讲义

专家姓名	讲义名称
霍佳阔夫	无线电发送设备 无线电发送设备课程设计 电视发射机及继电站通讯（3 门教材合计 47 万字）
勃里斯库诺夫	电真空器件制造工艺（50 万字） 电真空材料（30 万字） 电真空器件制造工艺中的一些特殊问题（10 万字）
萨普雷金	电视物理基础讲义
鲍里索夫	超高频无线电接收中的几个问题 无线电多路通讯系统（与潘宁专家合著） 随机变量、随机过程
奇尔金	半导体器件
潘宁	无线电通信理论

（来源：清华大学档案外 112、外 113 卷。）

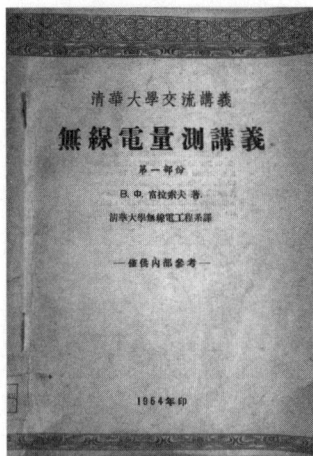

苏联专家讲义示例

通过对清华大学无线电工程系教师队伍、课程设置和教材变化的梳理，可见新教育制度与原有教育传统的割裂，完成了从欧美模式到苏联模式的彻底转换。清华大学不再是罗家伦初期构想的研究型大学，而成为一所为工业建设培养所需人才的多科性工业大学。对清华大学的调整和改造，也标志着民国时期形成和发展起来的大学教育传统的中断。

第六章　案例研究二：北京石油学院

《共同纲领》中对新中国文教政策的规定以及 1950 年 6 月第一次全国高等教育会议，都强调了教育要为国家建设服务，适应经济建设的需要，实行专门化的教育。技术教育改革不仅要设立专业，按计划培养国家建设所需要的各种技术干部，还要与工业部门密切结合，适应工业部门需求的变化，突出表现为技术教育的"部门化"，包括高等技术院校领导关系的调整、工业部门对技术教育发展的深度介入等，其中尤以专门学院的表现最为明显。与多科性工业大学相比，专门学院在组织形式、系科设置和教学内容上更多地照搬苏联经验。同时，由于具有行业性质，专门学院在发展中又更多地受到主管工业部门的影响。本章以北京石油学院的建立为例，讨论工业部门在 50 年代高等技术教育"苏化"中的作用，以及苏联对某一行业的高等技术教育的影响。

第一节　部门办学体制与高等技术教育的发展

部门办学通常指的是除教育行政机构外，由工业部、卫生部、农业部等中央或地方的非教育行政管理部门设置或管理的学校，在中国现代高等技术教育的起源与发展中起到了重要作用。这种模式随中国高等技术教育的发展而不断演化，经历了初兴、弱化和进一步强化的过程，对中国高等技术教育发展的影响不容忽略。

一、部门办学的历史回顾

清末，一些部门因人才培养的需要开始建立自己的教育机构，如邮传部所办的上海高等实业学堂、唐山路矿学堂和铁路管理传习所；商部于1907年设立了京师高等实业学堂等。由于能得到经费和办学条件的支持，这些部门举办的高等实业学堂多是当时高等技术教育的佼佼者，邮传部所办的上海高等实业学堂的实验、实习设施是各工科院校中最齐备的。

南京国民政府成立后，教育部主管全国教育工作。国立、省立和私立大学均由教育部直接管辖，通过教育部内设立的工业教育委员会来建立教育部门和工业部门之间的联系，部门办学模式被弱化。工业教育委员会的主要任务是负责审定工科类学校的课程，并对技术教育的发展提出建议。抗战期间，组织成立建教合作委员会以加强教育部门与政府各部门的联系。

在中国共产党领导的解放区，部门办学模式得到发展。1941年，中央政治局通过《中共中央关于延安干部学校的决定》，规定中央研究院、中央党校、军事学院等学校分别由不同的部门主管。延安大学、鲁艺、自然科学院由中央文委负责。中央宣传部协同各部门对各校具体的教学活动进行检查、监督。1945年，为加强东北地区的干部培养工作，中央决定自然科学院和鲁艺迁往东北解放区。自然科学院在当年12月迁到张家口后，迫于战争局势的变化留在华北继续办学，归晋察冀边区工业局领导。随后自然科学院与当地的工业职业学校、铁路学院合并，改称晋察冀边区工业学校。1948年，晋察冀边区工业学校和北方大学工学院合并，成立华北大学工学院，直属于华北人民政府公营企业部领导。

从清政府开始引进近代高等教育制度到1949年中华人民共和国成立，部门办学模式在中国以独特的方式发展着。最初清政府的一些工业部门创办高等技术教育，民国时期国民政府逐渐规范对高等教育的管理，教育部成为管理高等教育的最高行政机构，基本取消了部门办学，但这种模式却在共产党领导的解放区得到确立和发展。

二、初步形成双重管理体制

解放接管时期初步建立了技术教育的双重管理体制，部分被接管的高校划归工业部门管理。如1949年4月，华东军管会接收了在苏州的焦作工学院，并于1949年9月迁回焦作办学，由华北高等教育委员会领导。同年12月23日，中央人民政府政务院发出政秘字141号令，决定将焦作工学院拨归燃料工业部领导。随后，燃料工业部正式接管焦作工学院，负责焦作工学院的具体管理工作，包括向焦作工学院派遣干部、教师，并提供办学设备。教育部对这些技术院校同样有管理的权力，可以根据国家政策对学校的院系进行调整，监督和管理各项教学工作。

工业部门还与部分高校建立合作关系，由工业部门提出培养人才的种类和学习内容、提供所需的培养经费，委托大学设立专修科或系。到1952年前，仅清华大学就受重工业部、农业部、军委气象局、水力部和中国人民银行的委托建立了化工干部班、农田水利专修科、气象观测人员训练班、水利专修科、银行专修科。工业部门组织技术干部到高校学习，1949年8月，华北人民政府企业部（即后来的重工业部）在清华大学建化工干部班，派25人来校学习。因各部门需求不同，在大学中所设专修科的形式有很大差别。如农业部规定农田水利专修科的周学时数为50学时，重工业部所设化工班的周学时数则分别为20、17、25、31学时。经费提供方式也不同，水利部委托清华大学办的水利专修科的经费由清华大学按月向中央水利部领报，农田水利专修科的经费由农业部按期拨到教育部，由清华大学从教育部按期领取或报销。工业部门还委托大学设立相应的系以建立长期的人才培养机制。燃料工业部水力发电工程局向清华大学提出建立水力发电工程系，从1951年夏季开始招生120人，按照水力发电工程中所需要的技术工种，分为土木、电机和机械三个专业组，学习年限为四年。课程草案由水力发电工程局拟定，根据实际需要有针对性地设置课程。如要求水力发电土木工程专业在电机工程方面的基本训练多于普通的土木系，注重水力机械和营造机械的知识，减轻测量方面的训练，强化关于水力发电方面的专业课。为解决生产中的技术问题，工业部门还支持大学建立研究室。燃料工业部与清华大学共同设立了燃料研究室，接受燃料工业部关于燃料分析设计及研究的委托，进行燃料方面基本问题的研究，解决及处理生产方面的技术问题。燃料研究室由双方派代表组成管理委员会来进行具体管理，研究经费由燃料工业部提供。

技术教育得到来自工业部门的经费和人力支持，促进了战后技术教育的恢复和发展。随着1952年技术教育改革的实施，工业部门对高等技术院校的领导关系被进一步规范和明确，对技术教育发展的影响更为直接。

三、高校领导关系的调整

中央政府成立后，以华北高等教育委员会为基础建立教育部高等教育司来管理全国的高等教育工作，包括高等技术教育。但实际的管理仍分布在各大行政区的教育部，部分工业部门也参与高等技术教育的管理。

解放接管工作初步完成后，中央政府开始规范高等教育的领导关系。首先调整的是中央与各大行政区教育部门之间的领导关系。1950年5月5日，政务院颁布《各大行政区高等学校管理暂行办法》，规定华北区的高等学校由中央教育部直接领导，各大行政区的高等学校暂由各大行政区教育部或文教部代表中央教育部领导。各大行政区对高等学校所作的决定以及高等学校的变动、教职员工和学生的名册等均须向中央教育部备案或核准。同年7月，政务院又颁布《关于高等学校领导关系问题的决定》规定：(1)中央人民政府教育部对全国高等学校（军事院校除外）均负有领导责任，各大行政区人民政府或军政委员会教育部或文教部均有根据中央统一的方针政策，领导本区高等学校的责任。(2)华北区内高等学校，除已交由省政府领导者外，由中央教育部直接领导。其他各大行政区内高等学校，暂由中央教育部委托各大行政区教育部直接领导。(3)综合性大学及与几个业务部门有关的专门学院，归中央或大行政区教育部直接领导。教育部关于此类学校的业务教育及参观实习，应与政府其他有关部门密切联系。只与某一业务部门有关或主要与某一业务部门有关的高等学校，其日常行政、教师调整配备、经费管理、设备及参观实习等事宜，得由中央或各大行政区人民政府或军政委员会有关部门直接领导。各有关部门应增设管理教育的人员或机构，负责执行上述领导任务。[79]212《决定》中体现了中央教育部逐步收回对高等学校领导权的意图，指出："全国高等学校以由中央人民政府教育部统一领导为原则"，"中央教育部得视条件，有计划、有步骤地将各地区高等学校收归中央教育部直接领导"。

其次，调整教育部门与工业部门对高等技术教育的领导关系。在院系调整的过程中，本着"统一领导"和"分工负责"的原则，建立了由高等教育部和中央各部门分别管理高等教育的新制度。1952年11月，中央人民政府建立高等教育部，以此替代教育部管理高等技术教育，"为使高等教育密切联系实际，有计划地培养各类高级建设人才，以适应国家大规模经济建设的需要，中央人民政府高等教育部必须与中央人民政府各有关业务部门密切配合，有步骤地对全国高等学校实行统一与集中的领导"[79]212。1953 年 10 月 11 日政务院公布《关于修订高等学校领导关系的决定》，明确规定高等教育部与工业部门合作管理高等技术教育的方式："与几个业务部门有关的多科性高等工业学校由中央高等教育部直接管理。但如中央高等教育部认为必要，得与某一中央有关业务部门协商，委托其管理；为某一业务部门或主要为某一业务部门培养干部的单科性高等学校，可以委托中央有关业务部门负责管理，但如有关业务部门因实际困难不能接受委托时，应由中央高等教育部管理。"①[79]212

《关于修订高等学校领导关系的决定》进一步强化了部门办学体制。到 1955 年，全国 194 所高等学校中，高等教育部直属院校为 75 所（占 38.7%），教育部下属院校 40 所（占 20.6%），中央其他各部委所属院校 79 所（占 40.7%）。[3]126工业部门除参与所属院校的专业设置、师资配备、学生的招生与分配外，还参与审查教学计划、教学大纲及专业课教材。如 1954 年 7 月间经工业部门审订的教学计划共计 115 个，其中修订 94 个，制定 21 个。工业部门参与审查和修订教学计划的具体分工如表 6-1：

表 6-1　中央有关各业务部门修订教学计划之计划

部门	修订数量	负责修订计划的部门
燃料部	修订 17 个、制定 2 个	燃料工业部、四个总局教育厅和火电、水电、石油、煤矿等类学校主任和教师
地质部	修订 4 个、制定 1 个	地质部与地质学校修订 1 个、与燃料部合订 2 个，新制定 1 个，与重工业部合订 1 个
轻工业部	制定 13 个	先由教育处制定、送高教部提意见，再征求学校意见，最后送高教部审批。
重工业部	修订 37 个	各校教师、科主任及教育司 100 余人
交通部	修订 6 个	教育司
建筑部	修订 3 个、制定 2 个	学校科主任、教师及教导主任和教育司共同修订
第一机械部	修订 19 个、制定 1 个	教育司、学校教师及厂矿技术人员（汽车方面有苏联专家帮助）

---

① 政务院关于修订高等学校领导关系的决定，1953 年 5 月 29 日政务院第 180 次政务会议通过，1953 年 10 月 11 日公布。

续表

部门	修订数量	负责修订计划的部门
水利部	制定1个、修订2个	教育科、学校和部中技术人员
纺织部	修订2个、制定1个	教育科、学校和厂中技术人员
铁道部	修订4个	教育局和学校

（来源：高等教育部，1954年永久卷15，教育部档案馆。）

教材编译工作也由高等教育部与工业部门共同负责。1953年高教部特别发文明确："今后以专业为单位，由各业务部门（暂限于直接管理某些高等学校的部门）分别负责某些与本部门业务密切相关的专业，结合业务，统筹解决其教材问题。"[1] 编译教材的分工如下：

重工业部：钢铁及有色金属的采矿及冶金等专业，重化工各专业

燃料工业部：煤及石油的各有关专业

第二机械部：航空各专业

地质部：地质各专业，包括综合大学地质系

铁道部：铁路机车、车辆、铁路运输管理等专业

交通部：海运、河运各专业

纺织部：纺织各专业

农业部：农业生产机械化专业

高教部：综合大学各专业（地质除外），师范学院各专业，农林学院各专业（农业生产机械化除外），多科性工学院的各重点专业（以机械、电机、土建、水利等专业为主）、轻化工各专业，其他未由上述业务部门直接管理的各专业及许多专业共用的普通课程及基础技术课程的教材。[2]

高校领导关系的调整从制度层面上明确了工业部门对工科院校的领导，使工业部门与高等技术教育密切联系起来。工业部门广泛参与到高等技术教育的院系及专业的调整、设置、学校领导的遴选、师资配备、教学计划、教学大纲以及设备经费、生产实习、招生与毕业分配等各个环节中，从而将培养和使用工业建设人才的各个环节都纳入到工业生产的计划中，成为计划经济的一部分，对高等技术教育的发展产生了深远影响。下

---

[1][2]《中央高等教育部与各有关业务部门关于高等学校教材工作按专业分工的初步意见》，高等教育部档案1953年永久卷3，教育部档案馆。

文中将以北京石油学院的建立为例，阐明工业部门与苏联对石油高等技术教育的影响。

第二节　燃料工业部与北京石油学院的筹建

近代中国石油产量和生产技术都极为落后，更遑论石油高等技术人才的培养。20世纪50年代初，为解决第一个五年计划发展所需要的能源，燃料工业部在恢复石油工业生产的同时，开始构建石油技术教育体系。在燃料工业部的协助下，一些大学建立了石油开采和生产方面的系科与研究机构。这是新中国石油高等技术教育的萌芽，为创建北京石油学院奠定了基础。

一、石油高等技术教育的萌芽

在国家工业经济的各个部门中，石油工业被称为"工业的血液"，对整个国民经济发展起着制约作用。但近代中国的石油工业十分落后，仅有玉门、大连、抚顺等几个小炼油厂。这些炼厂规模很小，技术落后，设备陈旧。从事石油工业的技术人员极其稀少。根据统计，1949年中国石油公司的地质勘探、钻井采油、炼油方面的技术人员仅有381人，仅占全部职工总人数（16 227人）的2.3%。[1][42][43]石油技术人才的培养处于空白状态，未建立相应的教育体系，主要靠一些技术学校或大学的普通地质、化工系科来培养。

燃料工业部极为重视技术人才的培养工作。在1950年召开的第一次全国石油工业会议上，燃料工业部部长陈郁向与会代表指出了培养大量石油技术人员的重要性，讨论了石油干部的培养问题，决定各单位派专人、拨出专款负责干部培养工作，并派副部长刘澜波负责教育工作。为解决技术人才不足的问题，燃料工业部下属的石油管理局先后设立了9所专科学校

---

① 中国石油公司隶属原国民党资源委员会，于1946年6月成立。总公司设在上海，翁文灏任总经理，共包括甘肃油矿局、东北炼油厂、高雄炼油厂、嘉义溶剂厂、台湾油矿勘探处、四川油矿勘探处、新竹研究所以及上海、南京、汉口等地方的10个营业所。

和一些培训班，并在一些大学中建立了相关系科。1950 年初，石油管理局组织天津大学的师生到玉门油矿实习，安排他们参加石油工业讲座。1951年秋，应燃料工业部的要求，天津大学化工、地质两系转为石油炼制系和石油地质系，在机械系内设立了石油机械组。1950 年，为解决煤炼油和煤的气化问题在清华大学建立燃料研究室。在燃料工业部的帮助下，清华大学燃料研究室从国内外引进了一些科研人员，如侯祥麟、朱亚杰、武迟等，研究设备也日渐充实。1951 年 5 月，根据石油管理总局的要求，清华大学化工系、采矿系分别成立了石油地质组、石油炼制组和石油钻采组。全国不少大学出现了"石油热"，西北工学院、重庆大学、大连工学院、浙江大学相继成立了石油方面的系科。到 1952 年前半年，国内有 11 个专科以上的学校设立了石油工程学系或石油组，共有学生 1 200 人。[24]587石油高等技术教育初具规模，为筹办和建立专门的石油学院打下了良好的基础。

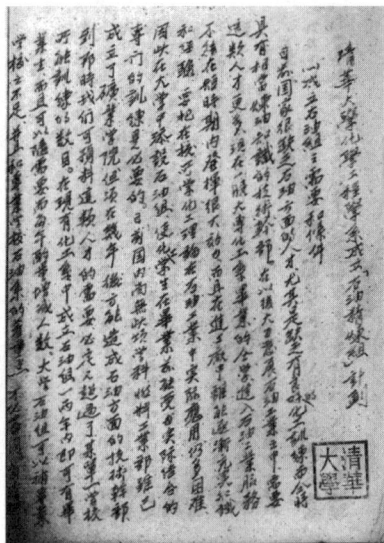

清华大学化工系成立石油精炼组的计划①

二、"一五"计划与石油高等技术教育

石油工业第一个五年计划对石油高等技术教育提出了新要求。根据

---

① 《清华大学化工系成立石油精炼组的计划》，教育部档案 1951 年长期卷 19，教育部档案馆。

"一五"计划，石油工业包括 9 个限额以上的建设单位，石油工业的发展速度年平均增长 36％，这个速度超过了一切工业部门的增长速度。[109]到 1957年，天然石油的生产能力将达到 1952 年的 4.2 倍，人造石油达到 1952 年的 2.6 倍。原油加工能力也要相应增长，达到 1952 年的 2.5 倍。为保证石油工业的发展，还要大量进行资源勘探工作，五年中用于资源勘探的资金将超过 13 个限额以上项目的投资总和。到 1957 年石油地质调查队将为1952 年的 7 倍，石油钻井进尺将为 1952 年的 7.3 倍。

石油工业的快速发展将需要大量石油方面的技术干部。根据石油管理总局的初步计算，1953 年到 1957 年石油工业（包括东北及关内）基本建设及工业生产五年内共需要 17.1 万人，其中技术人员 23 791 人，管理人员 19 981 人。每年需要的人员数量如表 6-2 所示。

表 6-2　1953—1957 年石油管理总局计划培养的各种人员数

时间	技术工人	技术人员	管理人员
1953 年	17 386	2 819	2 880
1954 年	25 499	3 630	3 784
1955 年	26 117	4 626	3 990
1956 年	26 039	5 495	4 232
1957 年	32 431	7 221	5 095
合计	127 472	23 791	19 981

（来源：1953 年至 1957 年石油工业（包括东北及关内）基本建设及工业生产逐年需要人员计划表，中央档案馆。）

由于原有基础薄弱，在办学初期又过度分散，多数大学的石油系科缺乏基本的办学条件。例如，重庆大学采矿系石油组仅有 1 名副教授、4 名助教，设备和图书资料也极为缺乏。中国人民大学工业经济系石油组因师资不足而不得不要求停办。考虑到石油生产过程较长、分工较细、专门化强等特点，石油管理局决定整合办学资源，建立完整的石油技术教育体系。一方面，将自办的技术学校分别集中，在北京、重庆、咸阳和大连分别创办北京石油专科学校、西南石油专科学校、西北石油专科学校和东北石油专科学校。另一方面，借院系调整的东风，建立专门的石油学院。

三、组建清华大学石油工程系

最早提议建立石油学院的是时任石油管理总局代局长的徐今强。1950

年底，徐今强出访苏联并参观了莫斯科石油学院，回国后向陈郁部长提出创建石油学院的想法。1951 年 11 月教育部召开全国工学院院长会议，徐今强在会上再次提出筹建石油学院的建议。在这次会议上，他还邀请燃料工业部的苏联专家莫谢耶夫到会做报告，介绍苏联高等教育办理专门学院的经验。考虑多方因素后，燃料工业部的领导决定先建立清华大学石油工程系，再以此为基础建立专门的石油学院。

1952 年 9 月 24 日，以清华大学化工系为基础，合并清华大学和天津大学地质、采矿、化工、机械系石油组，以及北京大学化工系，燕京大学数学系等，组建清华大学石油工程系。曹本熹教授任系主任，教师主要有傅鹰、朱亚杰、武迟①、张锦②、白家祉③、甘怀新、杨光华等。设置专业时，最初决定参照苏联经验设立石油炼制、人造石油、石油化学、石油钻井工程、采油工程、储运工程、石油矿场机械、炼厂机械、石油工业经济 9 个专业，后鉴于清华大学的条件，决定仅设石油炼制、石油矿场机械、石油炼厂机械、采油、钻井、石油储运 6 个专业，和石油炼厂机械、钻井、工业分析 3 个专修科。④ 清华大学石油工程系虽是以"石油"为主，但其中又包含机械、化工、钻采等 3 大类专业，是一个极为特殊的"系"。从某种意义上说，它已经可以被看作石油学院的"雏形"。

四、燃料工业部与北京石油学院的建立

清华大学石油工程系成立后，燃料工业部认为设立石油学院的条件已完全成熟，遂向清华大学提出应尽快独立建立石油学院的意见。对此，曹本熹、骆正愉等人认为不应急于独立，而应等条件成熟以后再迁出清华。蒋南翔也认为"石油工程系是在全国高校科系大调整中新改建起来的一个

① 武迟（1914—1988），中国化学工程学家、石油炼制专家、中国科学院化学学部委员。1936 年毕业于清华大学化工系。1937 年留学美国，就读于麻省理工学院研究院，1939 年获该校化工实践科学硕士学位。后在美国纽约世界贸易公司兵工部任工程师。1950 年初回国后，曾任清华大学化工系教授、代理石油系主任，1953 年转北京石油学院任教授、系主任、副教务长等职。
② 张锦（1910—1965），1927 年赴美留学。1933 年获伊利诺伊大学哲学博士学位（有机化学专业）。
③ 白家祉，1939 年毕业于清华大学机械系，1946 年获美国马萨诸塞理工学院应用力学硕士学位。1949 年获美国哈佛大学科学博士学位。同年回国并任清华大学教授、机械系副主任。1953 年调入北京石油学院。
④ 石油地质专业于 1952 年并入新成立的北京地质学院。

系，学科建设和教学经验的基础都比较薄，可以在清华多成熟一两年，而后再独立成立石油学院。"他晚年回顾这段历史时还有"当年建石油学院早了一些"、"应在清华大学放几年"之语①。清华大学做出这样的考虑是有一定道理的，一方面清华大学正在进行教学改革，学校不能抽调足够的人力参加筹备工作；另一方面过早独立必然带来办学困难。根据筹备组粗略估计，1953 年秋北京石油学院独立建院时共需要 148 名教师，而当时清华大学石油工程系虽有教师 54 人，教授 11 人，其中不少专业教师是改行的，有实际经验的人更少。而且独立以后基本课程如物理、数学、力学、制图、热工、电工的教师都难以解决②。教育部对筹建石油学院的工作也不是很热衷，他们的态度是"成立石油学院你们石油局有力量你们搞，什么时候都行"、"筹备机构不必成立，根据钢铁学院航空学院的经验，用不着早就成立筹备机构，反正有一批人在干，把房子盖起来，东西买来能开学就行③。"在这种情况下，燃料工业部及所属石油管理局更多地承担了建校工作。

首先是抽调干部组建筹备机构。1952 年 10 月，石油管理总局抽调人事处长连庆溥、教育科长于学业以及干部科的人员组成了"北京石油学院筹备工作组"，负责石油学院的筹备工作。1952 年 10 月 29 日，燃料工业部联合教育部给财委、文委报告，提出建立北京石油学院的综合计划。计划指出：现经中央教育部、燃料工业部与建筑工程部、都市计划委员会、清华大学、石油管理总局各方面多次联系会商，一致认为成立北京石油学院的条件已臻成熟，请求尽快举办北京石油学院。计划还就学校名称、建校地点、建校进度、建校费用、筹备机构、干部师资来源等问题做了报告。1952 年 11 月，政务院文化教育委员会下发通知，正式批准以清华大学石油工程系为基础，建立专门的石油学院[110]。1953 年 1 月，"北京石油学院筹备委员会"正式成立，成员由高等教育部的曾昭抡、李曙森、周钟岐、陈蔼民、于世甸，燃料工业部及石油管理局的李范一、刘澜波、袁溥之、周宏明、贾启允、连庆溥，清华大学的陈舜瑶、曹本熹、朱亚杰三方

---

① 2007 年 4 月 20 日，笔者曾访谈了中国石油大学余世诚教授，他是《中国石油大学校史》一书的主编，在编写校史时曾访谈了很多建校的元老。他谈了一些蒋南翔对建立石油学院的看法，并提供了相关的资料。
②③《关于成立石油学院的情况及意见》，清华大学档案馆，53-20 永久。

共 14 人组成。李范一、刘澜波是燃料工业部的副部长，贾启允是石油管理总局副局长，袁溥之、连庆溥则分别是燃料工业部和石油管理总局负责人事和教育的干部，由此可见燃料工业部对筹建石油学院的重视。

其次是协助解决建校经费和基建问题。燃料工业部投资 300 万元作为建校经费，并在基建任务十分紧张的情况下解决了学校的基建问题。据贾皞回忆，当时"像北京石油学院这样的建校总体规划和建筑设计任务，如果没有在年前由有关领导部门下达任务正式列入计划，根本找不到建筑设计院来承担设计任务[111]。"为此，燃料工业部领导命令燃料工业部电业总局建筑工程公司承接学校的建筑任务，并抽调部分人员协助解决学院的设计工作。

三是为北京石油学院提供了大量师资。如前所述，北京石油学院建院时需要 148 名教师，而当时清华大学石油工程系仅有教师 54 人，难以满足教学需要。燃料工业部抽调了部分工程师来充实专业课师资。在开学第一个学期，燃料工业部和石油管理局共为学校调配 32 人、招聘 4 人到校任教。调来的人员中有不少是石油领域的专家，如地质学家张更教授①、采油专家王檠②、石油地质家王尚文③等，此外还调派了赵仁寿、苏盛甫、王曰才、张家环、吴崇筠、周世尧、秦同洛、蔡伯民④、汤楷孙、张英等一批工程技术人员来校任教。这些人都是石油界"总字号"和学有专长的工程师。燃料工业部还与清华大学的一些系订立协议，抽调部分学生放在有关教研室中培养，为石油学院的建立储备师资。如机械系讲授工程画的姚德惠、电工课的邵钟武、力学的崔孝秉、杨德祥都是清华为石油学院培养的师资。此外，燃料工业部还安排人员到清华大学各有关教研组工作、进修。通过进修，教师掌握了专业课的教学内容，开出了石油矿场机械、

---

① 张更（1896—1982），浙江瑞安人，地质学家。1928 年毕业于国立江苏大学（今南京大学）地质系，后在哈佛大学留学。1936 年回国后，曾担任中央研究院地质研究所副研究员，并曾在中央大学、重庆大学等校工作。1949 年后，任燃料工业部石油管理总局陕北勘探大队总地质师，西北石油管理局副局长。石油学院成立后任地质系主任、教授。

② 王檠（1901—1973），浙江慈溪人，1922 年毕业于北京大学矿冶系。1932 年获伊利诺伊大学硕士学位，回国后曾担任河北大学教授、浙江长兴煤矿总工程师，1936 年起任四川油矿探勘处处长。

③ 王尚文（1915—1983），河北临城人。1939 年毕业于清华大学地学系。1949 年后曾任陕北油矿、西北石油管理局主任地质师，青海石油管理局、华东石油勘探局总地质师。

④ 蔡伯民，南开大学电机系毕业，曾在天津永利碱厂工作。抗战时期转到玉门油矿工作，是玉门油矿的总工程师，在容器设备的特殊合金钢的焊接工艺方面做出过突出贡献。

钻井机械、采油机械等课程。工程画教研组的教师全是年轻助教，通过在清华听课后都能够回校开课。不开课的教师也做了教学准备，从河南干校分配来的工程师汤楷孙、贾锡彤等分别准备了储运和机械制造方面的专业课。在清华进修期间，教师们还大量翻译了俄文教科书、教学计划等教学文件，有的还结合课程需要制作了模型、教具。除专业师资外，燃料工业部还为学院配备了一批行政干部，如贾皞、张英等人，原东北石油管理局局长张定一①被任命为学院副院长。据学院 1954 年初的统计，全校共有从石油局调来的职员 91 人，占全校职员总数的 31%。

在燃料工业部的全力支持下，1953 年 9 月，北京石油学院在新址正式开学，完全实现了当年建校、当年开学和当年招生。

北京石油学院的建院工作②

第三节　学习苏联石油技术教育制度

石油技术教育从无到有，并能够在短期内建立系统的教育体系，除得益于燃料工业部和清华大学的大力支持外，还离不开苏联的援助。北京石油学院全面学习苏联经验，在学院的组织结构、专业设置和教学计划上全

---

① 张定一，山西代县人，1937 年参加革命，曾在延安自然科学院任教，建国后曾任东北石油管理局局长，1953 年起任北京石油学院副院长。
②《北京石油学院》院刊，1955 年第 6 页，中国石油大学（华东）档案馆。

面照搬了苏联经验。

一、北京石油学院的组织结构

北京石油学院的组织结构基本参照苏联专门学院，分为行政和教学两个系统。行政系统由院、系两个层次组成，实行院长负责制，并设副院长协助院长工作，同时成立院务委员会，讨论和决定学校的重大问题。在系一级层面上，各系设系主任领导全系的行政工作。与苏联大学领导体制不同的是，在学校一级有院党总支委员会，系一级设立由党员担任的系秘书，并设政治辅导处，负责教师和学生的政治思想工作。1954年，学校取消政治辅导处，人事科改为人事室，直接由院长领导。

教学工作由院代会和系代会领导。院代会由院长、各系主任、教授、院党政领导人组成，院长为主任，主要职能是讨论教学中的主要问题并做出决议。系代会由系主任主持，主要讨论教学方法，交流教学经验。苏联大学中除院代会和系代会外，还有校、系两级层次的教学法委员会，负责提高、检查教师的教学工作，推动教师之间的交流。北京石油学院最初也拟成立校、系两级的教学法委员会，但苏联专家波波夫认为学院已有校代会，没有必要再成立专门的教学法委员会，仅设系一级的教学法委员会即可，所以北京石油学院的校代会同时兼有教学法委员会的职能。

班级管理上也学习苏联经验建立了班三角工作制度。班三角由班长、班主席、团支部书记组成，是苏联大学中对学生进行管理的一种班级组织。①

二、北京石油学院的专业设置

北京石油学院的专业设置主要参照了苏联同类院校的专业，基本包括了苏联石油类院校中所设的主要专业，如表6-3所示。

---

① 《维·米·卡西扬诺夫介绍苏联关于系与学生工作情况》，苏联专家建议通报，第28期，中国石油大学（华东）档案馆，1955—ws13—15。

表 6-3　北京石油学院与苏联大学专业设置对比表

北京石油学院所设专业	苏联石油类专业
1. 石油及天然气地质勘探专业	1. 油田和天然气矿床的地质和探勘工作
2. 石油及天然气矿场地球物理专业①	2. 地质学
3. 石油及天然气井钻凿专业	3. 油田和天然气矿床物理探勘方法
4. 石油及天然气开采	4. 应用地球物理的方法研究石油和天然气井
5. 石油及天然气工学专业	5. 石油和天然气井的钻凿
6. 人造石油专业	6. 油田和天然气矿床的开采
7. 石油矿场机器及设备专业	7. 石油和天然气的储运
8. 石油炼厂机器及设备专业	8. 石油和天然气工学
9. 石油及天然气运输与储存专业	9. 燃料化学工学
10. 石油工业经济专业	10. 有机化学-石油化学
	11. 有机化学-人造液体与气体燃料化学
	12. 石油和天然气矿场用机器设备
	13. 炼厂用机器及设备
	14. 石油机器制造和器械制造工学
	15. 石油和天然气工业的经济

（来源：根据《中华人民共和国中央高等教育部、中央燃料工业部石油管理总局关于专业设置的有关文件》及《北京石油学院》1956 年院刊编制。）

　　除石油地质专业设在北京地质学院，以及不设石油机器制造专业外，北京石油学院的专业与苏联石油类专业基本相同，并参照苏联经验设立了专门化。如苏联的石油及天然气开采分设石油开采和天然气开采两个专门化，石油学院也遵照执行。1955 年苏联在重新修订教学计划时将这两个专门化合并，石油学院也随即合并了这两个专门化。

　　在学习苏联经验设置专业时，有些苏联分的过细的专业，中国方面也照单全收，石油地质系油田探勘专业最为典型。在苏联，油田探勘专业一般分为矿场地质和油气田探勘两个专门化，前者培养从事油田开采等地下地质工作的技术人才，后者主要培养从事地面地质工作的技术人才，使用

---

① 依照苏联的专业设置，地球物理探矿分为地球物理探勘和地球物理测井两大类，石油学院的石油及天然气矿场地球物理专业主要培养用地球物理方法测井的专门人才。

同一个教学计划，一般设在同一院校中。[①] 但中国方面对此并不了解，将油田探勘的专门化设在北京地质学院，将矿场地质专门化设在北京石油学院。石油学院地质系的主任张更曾就此提出异议，认为将两个专门化分设在两所学校中在办学上十分不经济，但当时并未采纳张更的意见。1954年，苏联地质学家扎巴林斯基来校，张更曾向他请教了这一问题。扎巴林斯基否定了将一个专业设在两个学校的做法，指出："苏联过去也曾有过很窄的专业的偏向，如把地球物理探勘分成重力探勘、磁力探勘等等。但是这些已经被苏联《真理报》批评过，苏联高教部部长也曾提出过批评，认为这样做是不合适的。在现在的科学和生产的条件下，这样做是行不通的。后来苏联就纠正了这种专业过窄的偏向。"[②] 这说明苏联当时已经注意到专业过窄的弊端并在设法改正，而中国对苏联专业设置上的一些变化并不十分明了，有时学习到的反而是已被苏联经验证明了的不正确的做法。

三、北京石油学院的教学计划

北京石油学院各专业的教学计划也采用了苏联同类专业的教学计划。由于专业众多，难以一一比较，仅选择北京石油学院的主干专业之一——矿场机械专业的教学计划来加以说明。

比较中苏 1954 年矿场机械专业的教学计划（见表 6-4），在课程门数上，中国的教学计划中仅删掉了对培养目标影响不大的技术发展史、石油业基础两门课程，合并了金属工学及金工实习、采油工程和采气工程、石油工业经济与生产之组织与计划等课程，其余的课程均予以保留。课程安排的顺序也与苏联的教学计划基本相同。在教学时数上，矿场机械专业的主干课程（包括高等数学、物理学、画法几何、机械制图、理论力学、材料力学、机械原理、机械零件、石油矿场机械、机械制造工学、矿机的安装与修理）中，仅机械原理一课学时删减较多，占苏联学时的 77%，其余主干课程占苏联课程的学时比例均在 80% 以上，部分课程的学时数还接近苏联的学时数。对那些与培养目标关系不太密切的课程，如化学、采油、

[①] 按照实际生产规律，油气田探勘和矿场地质是不可分开的。因为找到了油田，马上就要准备开发，探勘油田的地质师就要做油田开发的地质工作，成为矿场地质师。正在开发的油田中也可能发现新油藏，这时矿场地质师就应着手做新油藏的探勘工作。

[②] 北京石油学院顾问扎巴林斯基同志有关北京石油学院地质系发展方向的谈话，见中国石油大学（华东）档案馆，1954 年，X21112。

采气等课程的学时削减较多。课程设计的数量虽然比苏联的少了两个，但保留了机器零件、热工学、矿场机械、机械制造工学等四个主要的课程设计。

表 6-4　1954 年中、苏矿场机械专业教学计划比较

序号	课程科目	苏联教学计划	中国教学计划	中国学时占苏联学时的％
1	马列主义	256	108	95.3
	中国革命史		136	
2	政治经济学	147	138	94
3	外国语（俄文）	172	248	144
4	高等数学	360	342	95
5	物理学	232	216	93
6	化学（无机与有机）	172	122	71
7	画法几何	90	72	80
8	机械制图	186	174	93.5
9	理论力学	200	180	90
10	材料力学	188	170	90.5
11	机械原理	125	96	77
12	机器零件	159	130	81.7
13	起重运输机	100	48	48
14	水力学	90	68	75.6
15	金相学	103	80	77.7
16	金属工学	161	295	85
17	工厂实习	186		
18	热力学、热工学	233	183	78.5
19	电工学及电器装置	181	149	82.3
20	钻井工程	90	68	75.6
21	采油工程	84	70	54.7
22	采气工程	44		
23	石油矿场机械	241	211	87.5
24	机械制造工学	143	122	85.3

续表

序号	课程科目	苏联教学计划	中国教学计划	中国学时占苏联学时的%
25	矿机安装与修理	77	64	83
26	石油工业经济	56	96	67.6
27	生产之组织与计划	86		
28	建筑业基础	44	32	72.7
29	安全与防火技术	33	32	97
30	技术发展史	33		
31	石油业基础	54		
32	体育	186	140	75.2
总计		4 512	3 790	84

（来源：北京石油学院 1954 年教学计划，中国石油大学（华东）档案馆。）

1956 年北京石油学院又根据苏联 1955 年新修订的教学计划修订了五年制的教学计划。这次修订的教学计划十分接近苏联 1955 年的教学计划，见表 6-5。

表 6-5　1956 年中、苏矿场机械专业教学计划比较表

序号	课程科目	苏联教学计划	中国教学计划	中国学时占苏联学时的%
1	政治课	406	466	115%
2	外国语	136	266	195
3	高等数学	360	348	97
4	物理	242	184	76
5	普通化学	136	102	75
6	画法几何及机械制图	278	256	92
7	理论力学	200	170	85
8	材料力学	224	184	82
9	机械原理	154	116	75
10	机械零件	186	130	70
11	起重机及运输机	94	56	60
12	水力学	108	70	64.8

续表

序号	课程科目	苏联教学计划	中国教学计划	中国学时占苏联学时的％
13	金属学及热处理	86	80	93
14	金属工学	160	157	98
15	工厂实习	188	171	91
16	热力学及热工学	180	182	101
17	电工学及电器设备	186	166	89
18	钻井及采油	155	140	90
19	石油矿场机械	248	240	97
20	机械制造工学	147	140	95
21	矿场设备的安装与修理	77	77	100
22	工业经济、企业组织与计划	102	97	95
23	建筑概论	55	33	60
24	保安防火技术	33	33	100
25	泵与压缩机	75	56	75
26	仪表及自动化	55	44	80
27	体育	136	136	100
	总学时数	4407	4100	93

（来源：北京石油学院 1956 年各专业教学计划，中国石油大学（华东）档案馆。）

　　在新教学计划中，课程门数与苏联教学计划完全一致。在学时安排上，有 19 门课程的学时数都占到苏联同类课程学时数的 80％，其中石油矿场机械、机械制造工学、矿场设备的安装与修理三门主干课程的学时分别占苏联学时的 97％、95％、100％。教学实习、生产实习、毕业实习的次数和时间、课程设计的门数都与苏联的教学计划完全一致。

　　除教学计划照搬苏联外，教学大纲与教材也多以苏联的为主。1956年，全院开出的 119 门课程中 113 门课程有教学大纲，其中有 77 门课程的教学大纲是参考苏联教学大纲编订的，另有 10 门课程直接采用了苏联教学大纲。[112]教学大纲基本保留了苏联教学大纲的主要内容，所列举的参考书几乎都是苏联书籍，仅在讲授顺序上有所调整或内容上有少许增删。教材也以翻译的苏联教材为主，有 90％的专业课采用了苏联教材，甚至一些基础课或基础技术课，如普通物理、高等数学、无机化学、机械零件、机械原理等课程也采用了苏联教材。

在照搬苏联教学制度的同时，北京石油学院也聘请苏联专家来校工作。从 1954 年到 1960 年，北京石油学院每个专业都聘请了苏联专家。专家协助石油学院建立规范的行政、教学管理制度，向教师传授教学方法，帮助带研究生，建立实验室等。到 1960 年苏联专家全部撤走时，北京石油学院的教师已能开所有的专业课程，并可以领导课程设计、毕业设计等工作。关于苏联专家在教育改革中的作用，将有专章论述，此处不赘。总的来看，这一时期照搬苏联经验使中国在短时期内建立了石油高等技术教育体系，满足了石油工业发展的需要。据统计，从 1957 年起，北京石油学院每年都有 700 余名毕业生走上石油生产岗位，有力地支援了石油工业建设。

第七章 苏联专家与高等技术教育改革

北京作为全国高等技术教育改革的重点地区，聘请了大量苏联专家。据笔者统计，从 1951 年到 1960 年间，仅北京的工科院校就聘请了 231 名苏联专家，占全国高等教育领域苏联专家总数的 25.4％，数量十分可观。①他们不仅传授有关技术教育的显性知识，也传授对技术教育内容、技术教育方法认识的隐性知识。与购买技术教育资料、设备等技术转移方式相比，苏联专家在技术教育转移中发挥的作用是多维的、全方位的，对中国高等技术教育的发展产生了极为深远的影响。梳理苏联专家在京情况、工作内容及专家工作制度，可以更清楚地描绘他们在技术教育转移中发挥的作用。

第一节 苏联专家在京情况

从 1949 年起北京部分学校就聘请了苏联专家，不过专家数量较少，主要集中在中国人民大学和教育部。1952 年院系调整后，北京各高校开始按照专业，一对一地聘请专家来校指导工作。当时苏联认真履行援华约定，派来的专家多具有副博士以上的学位，并有从事技术教育的经验，有力地支持了中国高等技术教育改革。而中方对于请来的苏联专家也给予极高的

① 关于教育领域苏联专家数量，见毛礼锐等人著《中国教育通史》第 6 卷。该书中统计 1951 年到 1957 年，共聘请 794 名苏联专家。1958 年到 1960 年，共聘请 107 名苏联专家。故从 1951 到 1960 年间全国各高校中共聘请苏联专家 901 名。

待遇，中苏之间通过苏联专家建立起深厚的友谊。

一、苏联专家在北京工科院校的分布

从 1951 年到 1960 年间，北京各工科院校先后聘请了 231 名苏联专家来校讲学、指导工作。这些专家在北京工科院校的分布是：清华大学 65 名、北京航空学院 60 名、北京工业学院 37 名、北京地质学院 22 名、北京石油学院 15 名、北京矿业学院 15 名、北京钢铁学院 11 名、北京邮电学院 6 名。清华大学及与国防相关的北京航空学院、北京工业学院所请的苏联专家较多。北京矿业学院、北京钢铁学院等专业相对成熟的院校所请苏联专家较少。苏联专家的分布和工作内容也具有阶段性特征，大致可以分为三个阶段：

第一阶段（1949 年—1952 年）：苏联专家主要分布在教育部、俄文学校和学习苏联的试点学校。当时教育部聘请的苏联专家有阿尔辛节夫、福民、列别捷夫、阿尔西波夫等人，他们在教育部担任顾问工作。高校中苏联专家比较多的是中国人民大学，共有苏联专家 47 人，占这一时期苏联专家的 85% 左右。另外北京俄文专科学校、北京师范大学也分别有少量苏联专家。这一阶段苏联专家的主要工作是对全国性的教育方针和教育改革方案提出建议，教授语言等。如在全国高等教育会议和全国工学院院长会议上，苏联专家曾就中国的教育改革发表意见。

第二阶段（1952 年—1956 年）：这一时期北京工科院校都聘请了苏联专家。清华大学、北京航空学院、北京石油学院、北京钢铁学院分别有 31、56、8、8 位苏联专家。他们以顾问的身份对学校的各项工作提出指导意见，定期参加学校的各种教学和科研方面的会议，对学校的发展提出具体的建议。这一阶段专家的聘期也较长，一般的都在两年左右，有些苏联专家的聘期甚至达到三年，如北航所聘请的飞机设计专家契霍宁，航空仪表自动器专家何赫洛夫，特种设备专家罗新，发动机构造专家赫罗宁，飞机施工专家马卡洛夫、别略可夫等。

第三阶段（1957 年—1960 年）：这一阶段高等技术教育改革基本完成，不再聘请一般技术教育领域的专家，而以聘请尖端技术专业方面的专家为主。以清华大学为例，1955 年以前所聘的 18 位专家主要分布在建筑、机械、水利、土木、无线电、电机、动力等系，平均每个系两名专家。1955 年以后，苏联专家主要分布在无线电系（9 名）、工程物理系（17

名）、自动控制系（3 名），其他如建筑、机械、水利等各专业所聘专家逐步减少，从 1955 年到 1960 年总计 17 名。清华大学所请专家在各系的分布是：

表 7-1　苏联专家在清华大学的工作单位统计表

系所	建筑系	水利系	土木系	机械系	无线电系	电机系	物理研究所	动力系	工物系	工化系	自动控制系
人数	3	7	4	9	10	8	1	4	17	1	1

（来源：鲍鸥，《苏联专家与新清华建设》，见《中俄关系的历史与现实》第二辑，第 510 页。）

蒋南翔（右）、刘仙洲（左）与苏联专家组组长萨多维奇研究工作①

北京石油学院的苏联专家与院长、副院长研究工作②

① 方惠坚等，《清华大学志》（上、下），北京，清华大学出版社 2001 年版。
②《北京石油学院》院刊，1955 年第 8 页，中国石油大学（华东）档案馆。

二、苏联专家学科与职称分布

所聘专家与学校专业设置相结合，请来的都是具有某方面技术特长的专家。如北京石油学院所聘的专家全部是专业技术方面的，包括石油地质勘探、开采、炼制、储运等各个专业领域。

表 7-2　1954—1960 年间在石油学院工作的外国专家

专家姓名	工作单位	职别	专长	来校时间
帕·彼·扎巴林斯基	苏联格罗兹宁石油学院	副教授	石油地质	1954.1
阿·尼·司那尔斯基	苏联里沃夫工业大学	教授	油矿地质	1958.3
格·亚·车列明斯基	苏联列宁格勒矿业学院	副教授	测井	1955.5
格·米·盖维年	不详	副教授	钻井	1956.9
沙·卡·吉玛都金诺夫	苏联莫斯科石油学院	副教授	采油	1954.2
维·伊·舒洛夫	不详	副教授	采油	1956.9
亚·格·连巴舍夫斯基	苏联列宁格勒工艺学院	副教授	人造石油	1954.11
米·达·沙毕洛	苏联彼得洛夫化工学院	副教授	人造石油加氢	1956.9
谢·尼·波波夫	苏联里沃夫工学院	教授	石油化学	1954.2
赫·布来麦	德国洪堡大学	讲师	催化	1958.9
弗·基·别洛乌索夫	苏联莫斯科石油学院	副教授	石油储运	1955.9
库兹涅佐夫	苏联格罗兹宁石油学院	副教授	炼厂机械	1954.11
弗·里·彼巴克	不详	副教授	炼厂机械	1956.9
维·米·卡西扬诺夫	苏联莫斯科石油学院	副教授	矿场机械	1955.9
格·玛·萨尔基索夫	苏联古比雪夫工学院	教授	钻井机械	1958.11
杜纳耶夫	苏联莫斯科石油学院	教授	石油工业经济	1957.8

（来源：根据中国石油大学（华东）档案馆《英联专家工作总结》1959 年 WS13 及校史馆相关资料制作。）

所聘请的苏联专家多为教授或副教授，以副教授居多。清华大学聘请的 65 名苏联专家中，有副教授以上职称的专家有 59 人，其中有 8 位教授，1 位总工程师，有 55 名苏联专家具有副博士学位，8 位专家具有博士学位。工程物理系所聘 17 名苏联专家中，包括 4 名教授、10 名副教授、1 名研究员、1 名总工程师，另有 1 人职称不详。[14]在苏联，副博士学位的设置标准是比较严格的。申请副博士学位的人必须先完成大学本科的专业教育，再经过数年的研究生阶段的学习或者在工作岗位上工作一段时间，具有一定的工作经验后方可申请。要最终获得副博士学位，还必须做出有创新成果的论文，通过由 7 位专家组成的答辩委员会的答辩才能最终得到学位。所以，从这一点来看，来华的苏联专家多数都是在所从事的专业领域有相当工作经验和学术造诣的专家。他们中也有一些是苏联工科院校的领导人或学术权威，如北京地质学院聘请的拉尔钦科教授曾是莫斯科地质勘探学院院长，构造地质学家帕夫林诺夫教授曾是莫斯科地质勘探学院矿产地质及勘探系主任，1958 年在北京工业学院工作的鲁西诺夫教授是苏联超广角摄影物镜设计的权威。

三、苏联专家在京生活

苏联专家在华工作期间，中方给他们提供了较好的生活待遇。在北京工作的大部分苏联专家住在友谊宾馆，生活起居都有专人照料。每位专家还配备专业翻译和生活翻译。专业翻译多是从各专业抽调俄语较好的年青教师担任，生活翻译主要由俄语专业的毕业生担任。翻译不仅要承担专家在华期间的交流工作，还负责上传下达，将专家的一些建议、工作日程安排等事项随时向各校领导汇报，以便按照专家建议及时改进工作，并保证专家在华期间的人身安全。专家在华工作的期限一般是两年，中间可以回国休假一次。每逢专家回国或苏联的一些节日，校方都会举行一些活动。1958 年，教育部党组曾在一份给中央的报告中对当时各校与专家的关系做了总结："过去我们与专家的关系，有的学校把它归纳为四少、三多、一神秘。四少：平日接触少；谈政治思想少；不同意见争论少；道理讲得少。三多：来去（来校与归国）多；节日活动多；有病关心多。一神秘是：保证安全规定过死，把专家与教师、学生隔离起来了。"[1] 虽然这份报告写于 1958 年，其目的是为了说明过去在专家问题上存在的一些弊端，但从中也可以反映出当时中方对苏联专家的热情与关怀。

苏联专家也对中国的教师、学校产生了深厚感情。他们不仅利用回国休假的时间为学校收集各类教学资料和设备、零件，还在工作期满回国后与中国的教师保持通信联系。如苏联专家奇尔金不仅为清华大学无线电工程系带来了苏联的教学大纲以及热敏电阻、硅单晶、晶体管等无线电材

---

① 《教育部临时党组给中央的报告》，清华大学档案馆。

料，还在李志坚等人到苏联开会时向他赠送了苏联在晶体管方面研制出来的一些产品。原在北航工作的苏联专家契霍宁（Цехонин）、尼基景（Нитикин）等人在回国后还通过书信的方式帮助北航的飞机构造、发动机构造教研室选定科研题目，指导学校的科研工作。清华大学的电视专家萨普雷金1957年回国以后，仍和清华大学保持着密切的通信联系。他经常给学校寄一些与电视相关的关键器材和资料，包括摄像管等贵重器材在内。在1961年5月20日萨普雷金给蒋南翔校长和刘仙洲副校长的信中，表达了他对清华大学深厚的感情。他在信中写到："莫斯科15点零6分整，在书桌旁听到广播员转北京广播电台开始广播介绍清华大学的一切。

电视专家萨普雷金和学生合影①

我坐着静听，尽量不使漏一个字。这时，我使劲由视觉来的回忆使之形象化起来，正像四年前我看过的那样……我看到了与我一起工作过两年的勇敢、聪明而精力充沛的人。文艺节目开始了，而我的神思也回到了那个大礼堂。在那里，我曾不止一次地听到和看到过那些彩色缤纷的演出。我又在自己的记忆中努力恢复这些使我十分愉快的傍晚。"②

第二节　苏联专家工作制度

为使苏联专家更好地发挥作用，提高向苏联专家学习的效率，各校建立了专家工作制度，总结出了一些向专家学习的方法。

---

① 清华大学电子工程系建系50周年画册《创业　奉献　追求》第112页。
②《康·瓦·萨普雷金专家的情况》，清华大学档案馆，外113。

一、向专家学习的制度

在苏联专家来华初期，各校普遍对苏联专家来华干什么、如何干缺乏具体的认识，在向专家学习的过程中存在着盲目、混乱现象，主要表现是，一是专家到校后没有具体的任务安排，专家无事可做。如北大请来的苏联专家到校两个月后才明确其在华期间的工作，清华大学的专家因无事可做而十分苦恼。二是苏联专家没有明确的身份，难以开展工作。如清华大学机械制造系的主任及教研组主任都有教授头衔，而请来的专家杰门捷夫在苏联是副教授，不知道该以何种身份去指导系及教研组的工作。三是部分学校过分依赖专家。北航根据中央"一边倒"和"先搬过来再消化"的方针，"事无大小问专家"。学校也没有制定向专家学习的工作计划，"往往只有大的方向和大致期限，缺乏具体的目标和要求，学习起来比较零乱"[113]40。

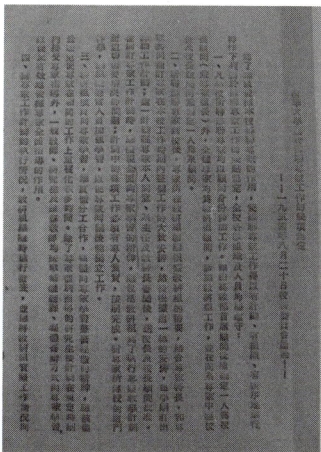

清华大学《关于苏联专家工作的几项规定》①

随着苏联专家在华工作的开展，有专家的学校逐步摸索出一些向苏联专家学习的经验，形成了向专家学习的制度。如中国人民大学在专家到校前就准备好工作计划、工作情况的书面材料，北京矿业学院拟订了教师进修计划，具体规定向专家学习的内容。

清华大学向苏联专家学习的工作制度比较全面具体。1954 年 8 月 20 日，清华大学校务会议上通过《关于苏联专家工作的几项规定》，主要内容包括：一是规定"所聘专家均以顾问身份参加工作"，明确专家在学校的身份。由高教部指定 1 位专家担任校长顾问兼专家组长，并在教务处和系、教研组中都设专家顾问，教育改革要听取专家意见。二是要制定专家工作计划，包括专家在华期间的长远计划、每学期的工作计划及每周的工作计划，要提前一周排出专家工作计划。这种每周制定专家工作的短期计划既便于专家安排自己的工作，也便于控制专家工作量，提前对一些重要的报告进行安排。专家工作

---

① 清华大学《关于苏联专家工作的几项规定》，中国石油大学（华东）档案馆，1955 年 WS13。

计划的具体执行，除讲课在固定时间内进行外，其他如谈话、答疑、作报告、参加会议等工作由教研组主任、科学秘书、专家翻译所组成的核心组直接掌握。专家的日常工作由专家翻译每天填写《翻译工作简报表》，向校领导汇报专家每日的工作。三是以教研组为单位，通过分工合作，集体向专家学习整套的经验。教研组是专家工作的主要对象，有专家的教研组都要制定向专家学习的具体计划，并由系、院各级领导审批。计划包括教研组工作中的主要问题、专家的主要工作、时间安排、负责执行计划的人员等等。教研组的学习计划每学期制定一次，于学期终了时对计划进行检查。教研组还要为专家配备兼职的工作秘书，亦称教学秘书。教学秘书接受教研组与专家工作室的双重领导。他的主要任务是协助教研组主任安排、检查专家的工作，收集整理与专家的谈话记录。四是苏联专家讲话资料的整理与保管。专家的每次谈话都有秘书负责记录、整理，交专家工作室和教研组保存。一些重要的谈话记录、专家建议由专家工作室编印成《专家建议通报》传达给各教研组学习。

清华大学向苏联专家学习的制度引起高教部的重视，并在《人民教育》《高等教育通讯》上加以介绍和推广。北京石油学院据此制定了《北京石油学院关于专家工作的若干规定》。与清华大学的《关于苏联专家工作的几项规定》比较，北京石油学院的专家工作制度基本保留了清华大学关于苏联专家工作规定的原貌，连当时各校专家还有一定争议的"核心小组"，北京石油学院也照样采用。北航也学习了清华大学的经验，成立了专家工作室，对苏联专家在校的工作作出了具体的规定，其中包括与苏联专家谈话的记录制度、每半年检查一次专家在校工作、制定专家的工作计划，并要求各教研室成立专家工作小组，负责了解学习情况、存在问题以及苏联专家工作情况和建议执行情况等。这些规定基本上参照了清华大学的专家工作制度。

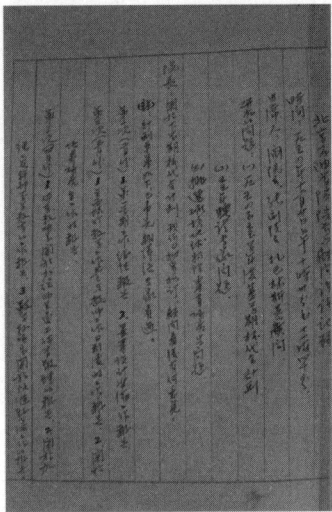

北京石油学院院长与顾问谈话记录
（中国石油大学（华东）档案馆）

二、向专家学习的方法

为尽快掌握专家所教内容，教研组主要采取"分工负责"的办法向专家学习，也就是将教学中的具体任务分配给每位教师，通过与专家谈话、请专家指导等多种方式来掌握苏联经验。如北京石油学院钻采系采油教研组 1954 年第二学期的学习计划，见表 7-3。

表 7-3　钻采系采油教研组 1954 年第二学期制定的学习计划

学习项目	具体人员	学习方法
教研室工作	秦同洛、王鸿勋	谈话、汇报工作
采油实验室的建立	陈钟祥	由专家直接指导
油层物理实验室	洪世铎	由专家直接指导
КИП 实验室的筹备	王鸿勋	谈话
毕业设计	秦同洛、陈钟祥、其他教师	秦同洛：掌握如何领导毕业设计 陈钟祥：由专家指导做设计 其他教师：在试做过程中答疑
生产实习	彭克淙	座谈
认识实习	胡晓山	座谈
采油教学指示书	王檠、秦同洛	每二周座谈一次
习题课	陈钟祥	
外专业如何讲课	矿机、钻井：胡晓山 地质：彭克淙	谈话
采气（实验室及专业筹备）	王鸿勋	谈话
教学大纲	各有关教师	订出后请专家提意见

（来源：《钻采系 1955 年专家工作计划》，中国石油大学（华东）档案馆，1955—xz1113—07。）

各校还采取一些特别举措以尽快掌握尖端技术专业的教学方法。如清华大学工程物理系为保证尽快掌握教学内容，一方面从性质相近的专业中挑选部分老教师和助教承担教学任务，跟随苏联专家学习，另一方面在相近系科的高年级学生中抽取即将毕业的学生跟随苏联专家学习新专业。1955 年秋，工程物理系从电机、机械等系抽调部分二、三年级的优秀学生组成了物八、物九班，结合教学任务有重点地跟随专家深入学习。"转专业"不仅缩短了培养新师资的时间，而且保证了苏联专家有学生可教。在建立计算机、电真空、机床、拖拉机、压力加工专业时清华大学也曾采用过这种方法，被清华大学负责筹建新专业的领导认为"是一种值得采用的方式"①。通过这种方法清华大学培养了不少教学骨干，如王大中、邱大雄、林家桂等。

学习专业课的方式主要采用"分工准备、全面学习"的方法，即让几位教师或学生分头或分段准备某门专业课程，然后再组织他们互讲互听，共同学习。通过"庖丁解牛"的方法，将专业课化整为零，再在教师或学生身上"聚零为整"，使教师和学生基本掌握专业课程中的内容。如工程物理系为了开出"原子核物理实验方法"这门新课，"发动大家都来分工备课，按照课程内容分成若干段，尽量使在这方面作过一点工作的人来备课、讲授；碰到大家都没有接触过的部分，就发动几个人分头看文献，并请教专家，进行讨论"[114]。这使教师们在最短的时间内掌握了苏联某些尖端专业的教学方法、教学内容，为培养尖端技术人才打下了基础。

第三节　苏联专家在教育改革中的作用

在高等技术教育改革中，苏联专家不仅向中国教师和学生传授所掌握的知识，承担一定的教学工作，还以顾问的身份分布在学校的校、系、教研组中，指导学校的教学改革。他们在北京各校的主要工作可以概括为以下几个方面：

一、帮助培养教师

1953 年召开的全国高等工业学校行政会议明确苏联专家的首要任务是培养与提高师资。1954 年 6 月 23 日，高教部下发《关于重点高等学校和专家工作范围问题的决议》，进一步明确苏联专家来校后的主要工作是：

---

① 《清华大学建设新专业的情况》，清华大学档案馆，2—3—092。

指导所在校的有关系科及教研组的教学工作；帮助培养及提高所在校的有关教师，指导培养研究生，基本掌握专家的本领；指导所在校及有关校修订教学计划、教学大纲，指导建立实验室。

苏联专家为大学培养师资的方法大致有两种。第一种是帮助培养研究生，一般规定每位专家都要带3到5名研究生。苏联专家担任研究生的导师，为研究生开课，并指导他们进行科研工作。第二种方式是请苏联专家开课。从1952年到1960年，北京石油学院的15名苏联专家前后共讲授了27门主要专业课，而且都认真编写了讲义。北京航空学院的59名苏联专家共为北航本科生和研究生开设了75门课程和211门实验课，其中包括高空飞机、喷气推进与火箭技术、自动控制、航空无线电、航空材料加工工艺等尖端领域的课程。[5]304北京钢铁学院的苏联专家在1954年和1955年两年间共开出38门专业课，包括采矿法、物理化学、专业电冶金学、炼钢学等课程。据魏寿昆院士回忆，当时北京钢铁学院三、四年级的主要专业课都由苏联专家讲授。相关的老师，特别是那些将来要承担这门课程的教师都去听专家讲课。与过去的通才教育相比，苏联专家的课普遍"比过去讲的细"①。有些课程是专为教师开设的，如清华大学机械系的"机械制造工程"、北大的"苏联社会主义经济问题"等课程。在讲课形式上，1956年前来校的苏联专家以系统讲授全部课程为主，1956年后来校的专家经常以专题报告或讨论的方式为教师讲解课程中的一些疑难问题，如北京石油学院苏联专家所讲的加氢及合成、套管问题都是以讲座形式进行的。通过带研究生和为教师开课，苏联专家帮助培养了大量教师，仅以1954年为例，部分工科院校中由苏联专家培养的研究生及教师数量如表7-4。苏联专家也帮助中国教师提高了某些尖端专业领域的教学水平。如苏联光学权威鲁西诺夫在北京工业学院开设"光学系统外形尺寸计算"和"技术光学"两门课程，指导教师先后完成了3米长焦距远程照相机光学系统、视场角90度的广角目镜光学系统、1.5米焦距高空照相机光学系统的设计，还试制了非共轴望远镜样机。他编写的《光学系统外形尺寸计算》和《技术光学》两部著作在译成中文后曾被多次出版。其中《技术光学》1962年出版后先后被印刷三次，达10 800册。在苏联专家的帮助下，各校的师资培养工作取得了很大成绩。1955年北京石油学院新开课的教师就有105人，还

① 韩晋芳、张柏春访谈魏寿昆院士记录，2007年4月14日。

有 28 名助教被提升为讲师。到 1960 年苏联专家全部撤走时,中国教师已能开所有的专业课程,并可以指导课程设计、毕业设计等工作。

表 7-4　1954 年苏联专家为部分工科院校培养的研究生及教师数量

学校名称	专家人数	培养研究生数	培养本校教师数	培养外校进修教师数
哈尔滨工业大学	20	428	39	13
清华大学	13	200	219	212
北京钢铁学院	6	102	229	57
北京石油学院	5	47	310	44
北京矿业学院	5	50	42	21
北京地质学院	5	78	287	44
交通大学	4	38		30
同济大学	4 (2)①	18		40
中南矿冶学院	2	12	38	10
南京工学院	1	10		3
东北地质学院	2	21	29	22
大连海运学院	1	15		
大连工学院	5	37	55	21
总计	69	1 056	1 248	517

(来源:高等教育部档案 1955 年永久卷 7,教育部档案馆。)

二、指导教学改革

苏联专家协助解决教学改革中遇到的各种问题。他们为学校如何设立专业、专业如何布局出谋划策。如北京工业学院的德洛兹多夫、费道托夫、拉扎列夫 3 位专家在调查了学院的情况后,建议北京工业学院先设置火炮设计与制造等 11 个兵工专业。1955 年,学校又在苏联专家建议下增设了射击指挥仪等 3 个专业。这使"学校的兵工专业设置基本配套,对迅速培养我国国防建设人才,满足国防生产需要,起了重大作用"[115]453。

苏联专家还帮助完善各种教学制度。清华大学在苏联专家指导下建立了教研组,还制定了教研组工作计划,北京大学数学力学系根据苏联专家

① 同济大学共有 4 名专家,有 2 名未派研究生。

柯尔莫哥洛夫的建议筹备并成立了概率论教研组。北京钢铁学院的苏联专家斯克罗霍多夫于1953年撰写的《教研组工作计划的格式和内容说明》成为当时校内各教研组工作计划撰写的统一模板。北京钢铁学院的地下金属采矿法课程设计、井巷掘进课程设计等直接由柯罗布科专家撰写指示书及大纲。另据北京工业学院统计，到1957年暑假，苏联专家共帮助制定了14个专业的教学计划。北京大学13个系35个专业的教学计划大多是在苏联专家的帮助下，以苏联相同专业的教学计划为蓝本修订而成的。专家也纠正修订教学大纲中的一些误解，如中国教师认为不同专业的基础技术课都应拟订不同的教学大纲，专家根据苏联经验，指出基础技术课的教学大纲应该是统一的，各专业在采用时仅根据学时的不同来安排教学日历即可。清华大学苏联专家阿谢甫柯夫教授与建筑系教师共同制定的建筑系教学计划"基础训练扎实，课程门数较多，并有相当多的实习和毕业设计作为实践环节，一直执行到50年代末"[14]。

　　苏联专家的答疑解惑也帮助教师们更深入地了解苏联教学制度的内涵，减少了对学习苏联经验的抵触心理。以编制教学计划为例，最初中方教师对教学计划的理解不一，存在很多误区，表现在几个方面，一是对培养目标的理解有偏差，搞不清楚"机械制造工程"专业培养的是设计人才还是制造人才；二是不清楚某些课程在教学计划中的地位，在修订四年制教学计划时大量删减学时数量；三是对修订教学计划工作存在较多抵触心理，有人认为要在短时间内修订好教学计划是不可能的，有的人则怕麻烦而不愿意修改，还有的人认为修改教学计划只是技术问题，用算术的办法减少一些学习时间和课程就行了。[116]对于修订教学计划存在的种种顾虑，苏联专家萨多维奇指出，修订教学计划首先要明确培养目标，在此基础上才能考虑理论学习、生产实习、考试、课程设计、毕业设计等各个教学环节的安排；要考虑学生的独立工作能力，各年级的课堂教学和自学时间应有所差别，而不应将每周学习的时间一律改为33小时等。针对清华大学制定教学计划中出现的问题，萨多维奇提出了很多中肯的意见，"在修订教学计划时不应完全照搬苏联，应制定出北京的而非莫斯科的教学计划和教学大纲"[117]。他还根据清华大学的实际情况提出了精简课程的办法，如拣出几种正规学习之内的、但目前在中国居于比较次要地位的少数课程作为成绩好的学生的选修课程、合并一些性质相近的课程、暂时停开某些专业里的极少数课程等。

在苏联专家的帮助下，教师很快掌握了苏联一整套教学内容。北京钢铁学院电冶教研组主任朱觉教授回忆："我组是 1953 年秋成立的一个新教研组，在专家来之前，我们连专业教学大纲也没有，不知道有哪些专业课，也不清楚专业的范围与内容。专家分期、系统的把苏联一整套的先进专业内容和教学过程都交给了我们。"[16] 在清华大学新技术专业的发展史上，从电子感应加速器的安装、调试，到原子能方面的教学、科研工作，都凝结着苏联专家的汗水和对中国人民的友谊。1955 年，蒋南翔访苏时购置了一台 25Mev 的电子感应加速器，苏方特派专家阿纳尼耶夫、高尔布诺夫到清华来帮助安装、调试和应用。瓦采在担任工程物理系顾问期间，

苏联专家别宁在实验室①

为工程物理系的师生开设了"剂量学"课程。格林别克在讲授加速器原理课程之余，编写的《粒子加速器物理基础》成为我国加速器方面最早的教科书。别尔辛在开设光核反应和中子核反应课之余，指导清华师生开展了光核反应、中子物理和 β 能谱研究。

苏联专家极为重视各校的实验室建设。北京钢铁学院在两年中建立的 40 多个现代化实验室，都是苏联专家从设计到安装一手帮助搞起来的。[118] 从 1953 到 1955 年，苏联专家共帮助清华大学新建了 29 个实验室、12 个资料室和 1 个物理表演室，包括公差及技术测量实验室、机床实验室、水力枢纽、建筑物理实验室等。土木系木工实习厂，从开始筹划、设计到安装，都是在萨多维奇直接指导下进行的。专家还建议要用最新式的仪器、设备来装备实验室。根据专家的要求，清华大学购进了不少最新的机器和设备，如 250 万吨的万能水压机、各种施工模型等。1954 年底筹建的给水排水实验室装备了最新式的滤池和新型的污水处理厂、雨水道系统设备，有完整的河水给水系统装置。实验室的设备和布置都是按照苏联的教学制度和为培养新型工程师的要求而设计的。[119]

---

① 清华大学电子工程系建系 50 周年画册《创业　奉献　追求》第 112 页。

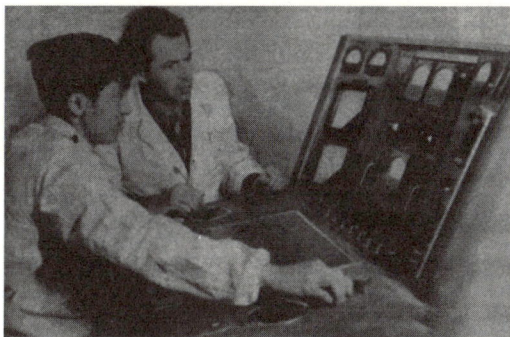

苏联专家高尔布诺夫在指导工程物理系教师调整加速器，进行原子核物理的科学研究工作①

苏联专家还带领教师和学生进行生产实习。北京地质学院的苏联专家帕夫林诺夫和中国教师马杏垣、池际尚等一起带研究生和助教到周口店教学实习基地进行野外地质测量训练，拉尔钦科专家曾带领矿床和岩石两个教研室的 26 名研究生和 8 名教师在河北杨家杖子等地进行矿山教学实习、搜集资料。

三、担任教育顾问

苏联专家还担任学校、系和教研组的顾问。北京钢铁学院第一任院长顾问是 H. E. 斯克罗霍多夫，他来自西伯利亚冶金学院，专长为金属压力加工，采矿系顾问是米·阿·柯罗布克，来自列宁格勒矿冶学院，专长是采矿。北京石油学院的教务处顾问是库兹涅佐夫，科学讨论会的顾问是苏联里沃夫工学院科学研究所副所长、化学科学博士波波夫。他们经常对教学工作中的具体问题提出建议，有些建议还很有前瞻性。如北京石油学院的教师认为储运专业的毕业生大部分分配到油矿和炼厂工作，不必在石油运销方面花过多的精力。苏联专家认为，储运专业主要是培养石油运销方面的人才，虽然目前国家需要不多，暂时会往厂矿上多分配一些，但将来总会需要，在实习时不应只把眼光局限在厂矿②。

苏联专家对师资培养提出了很多中肯的意见。高教部苏联顾问阿尔希波夫专家在回国前曾与高教部的领导专门谈及基础课师资培养的问题。他

① 史轩，《五十年代教育改革中的清华》，见《清华人》第 27 期。
②《储运专业与库兹涅佐夫专家会谈记录》，1954 年 11 月 25 日，中国石油大学（华东）档案馆。

说："现阶段工业类院校教师的提高应放在基础课和基础技术课方面，这是由于过去高教部着重在专业课教师的培养和提高而对基础课和基础技术课重视不够。因过去新建和改建一些专业，将力量放在专业课上、重视专业课是可以理解的。在过去几年中，高等工业院校专业课教研组有很大的发展，但基础课、基础技术课教研组相应地没有迅速发展，甚至有些削弱，有些学校还调了一些这方面的教师到专业课教研组去。为了今后更好地提高培养干部的质量，今后就应着重提高基础课和基础技术课教师的水平。"① 他还专门谈到中国高等教育的学衔问题和研究生教育问题，指出："有关师资培养提高方面还有一个问题，如学衔学位问题，至今尚未有一个办法。……目前培养师资主要是通过二年制（向苏联专家学习的）研究生的培养方式进行。以后应逐渐减少二年制的研究生而增加四年制研究生。"② 阿尔希波夫指出了中国在教师培养中存在的弊端，十分中肯。但在后来的教学实践中，中国方面并没有采纳阿尔希波夫的建议建立三年制或四年制的研究生教育制度，这造成了中国高等教育长期不能培养高层次的人才，不能培养高水平的师资。

苏联专家也很注意学校的科研工作。针对很多新建院校办学条件差、不具备科研条件的情况，专家建议"应该从小到大来开展研究工作。哪怕开始时是一点儿，也应该做，这样可以做到教好学生，同时也能培养出师资，提高师资的水平。"③ 在专家的指导下，各校首先在学生中成立了科学研究小组，进行一些简单的科研活动。1954 年以后，办学条件相对较好的学校开始组织教师们开展科学研究工作。在苏联专家建议下，北京地质学院组织了 6 个综合科学研究队参加科学院、地质部所领导的科学研究工作。北京矿业学院采矿机械组的教师们在苏联专家达维道夫的指导下，完成了 6 个课题的研究，举行了 5 次科研讨论会。其中有些科研工作的水平较高，如苏联专家别尔金帮助清华大学开展的光核反应、中子物理和 β 能谱研究等。需要指出的是，1956 年以前多数院校因忙于教学改革工作而没有开展科学研究工作。一方面是由于当时学校师资基础薄弱，选送来的研究生没有一定的科研基础，在大学中没有参加过科学小组的训练，缺乏实验素

---

①② 《阿尔希波夫专家回国前与黄副部长、唐司长话别谈话记录》，高等教育部 1957 年长期卷138，教育部档案馆
③ 《机械系有关专家建议记录卡片及部分谈话记录》，中国石油大学（华东）档案馆。

养。另一方面，教师们忙于教学与建立实验室等任务，虽已和专家制定了科研计划，却始终没有开展起来。专家对此十分不满，批评道："恐怕题目纸还放在桌子里。"

1956 年以后，受赫鲁晓夫在苏共二十大上"揭盖子"、中央对学习苏联教条主义的批判以及"大跃进"运动等因素的影响，社会上普遍出现了不尊重苏联专家的现象。这些都在不同程度上影响了向苏联专家学习的效果。在这一时期，向专家学习的各种制度已流于形式，有些学校在专家来校一年多了还没有配备研究生，专家无人可带，无事可忙，部分学校里曾一度出现了"我们忙，专家闲"的现象。

第八章　对高等技术教育的调整

　　1955年底，国际和国内形势都发生了较大变化。在国际上，赫鲁晓夫积极推行与西方和平共处的外交政策，国际趋势趋于缓和。在中国国内，对农业、资本主义工商业等社会主义改造初步完成，但工业化的任务却还未实现。毛泽东等中央领导认为，应该利用相对稳定的国际局势，加紧发展经济，推动一场以工业化为中心的经济文化建设高潮，开始制定《国民经济十五年远景规划》和《1956—1967年科学技术远景规划》。这两个规划再次将人才培养提到一个新的高度，而对学习苏联经验的反思却进一步暴露出高等技术教育改革和人才培养中存在的一些问题。为此，中央教育部开始对高等技术教育进行微观调整。

第一节　对高等技术教育改革的反思

　　1952年以来的高等技术教育改革范围大，改革推进急，存在着不少问题。随着《国民经济十五年远景规划》的制定和《科学技术十二年规划》的制定，进一步暴露了前期全面学苏中存在的问题，高等教育部被批评为全面学苏、盲目学苏的"重灾区"，开始全面反思苏联经验。

一、制定远景规划与"干部决定一切"

　　1955年，第一个五年计划基本完成，中央开始制定《国民经济十五年远景规划》，基本任务是到 1967 年，完成国民经济技术改造和农业、工商业、手工业的社会主义改造，完成工业化，消灭阶级和产生阶级的根源；建成社会主义社会，使国家强盛，使人民生活富裕。配合十五年远景规划，在科学技术领域制定了《1956—1967 年科学技术远景规划纲要（修正草案)》，明确未来发展目标是向现代科学技术进军，努力改变我国在经济和科学文化上的落后状态，迅速达到世界先进水平。其中规定了 572 项重要科学技术研究任务，616 个中心研究课题，重点任务包括原子能和平利用、半导体、计算机、遥控、喷气技术等 12 项。

专业技术人才的培养问题再一次被提到重要位置。毛泽东在最高国务会议第六次会议上指出："为了实现这个伟大的目标，决定一切的是要有干部，要有数量足够的、优秀的科学技术专家。"[120]配合经济、科技领域的发展规划，高等教育部于 1955 年底先后制订了《全国高等教育、中等专业教育十五年远景计划及第二个五年计划纲要》和《高等教育十二年规划》两个规划草案，提出 12 年内新建 350 所高等学校，保证工科类学生的数量增长到 124 万的发展目标。①

二、教育改革中的问题

从中国高等技术教育的实际情况来看，还不能适应未来经济和科学文化发展的需要。主要问题是：

对高等技术教育的领导过度集中。对高等学校的领导完全集中在中央各部，取消了地方对高等院校的领导，削弱了地方技术力量。据 1955 年的统计，全国 194 所高等学校中，高等教育部直属院校为 75 所（占 38.7%)，教育部直属院校 40 所（占 20.6%)，中央其他各部委所属院校 79 所（占 40.7%)。[3]126 这种管理制度保证了中央工业部门对技术人才的需要，加强了中央直属企业的技术力量。据 1956 年年底的统计，中央直属国营企业共有工程技术人员 10 万多人，占全国专业技术人员总数的 71%。[121]每年分到地方工业部门的高校毕业生寥寥无几，造成地方工业技术力量不足。据统计，从 1950 年到 1957 年，全国共计 103 879 名工科毕业生，其中分到地方工业系统的仅 4 828 人，占工科毕业生总数的 4.6%，年平均人数为 603 人。8 年内上海市共分到 162 名工科毕业生，平均每年

---

①《全国高等教育发展规划》，高等教育部档案 1956 年长期卷 2，教育部档案馆。

20人。① 地方工业系统中工程技术人员与工人的比例远低于央企。如据1956年的统计，中央直属工业部门中工程技术人员占工人总数的11％，而在地方国营工业中，工程技术人员仅占工人总数的4.7％。② 随着国民经济发展远景规划的制定，发展地方工业与地方工业技术力量不足的矛盾进一步凸显出来。

专业设置不符合实际需求。在设置专业的过程中有些专业划分的过细过窄，培养出来的学生与工业部门需要的"口径"不符。在1957年4月召开的工科修订教学计划座谈会上，曾昭抡曾就专业设置存在的问题做了总结："我们从1952年起基本上采用了苏联的专业设置，就当时的情况来说，可以说大体上是对的。当时虽有少数同志主张我们所设专业应该比苏联的宽些，比旧中国的窄些，但是由于缺乏经验，提不出具体方案，多数人主张暂时先用苏联的一套再说。有些专业之间的比例不够恰当，例子很多。如1952地质勘探专业的学生招得过多了，普查方面的学生却很少，结果勘探专业的学生毕业后很多改行搞普查。在安排专业时对于有些专业，没有照顾地区需要，如铁路建设事业，主要是在西南、西北，而人才培养在北京、唐山、上海、长沙等地，一直没有采取措施来改变。"③ 过分强调专门学院的专业设置必须与其服务的行业相对应也造成专业分布不合理。如清华大学建筑系长期维持一系一专业的局面，相关的工业与民用建筑、建筑材料与制品生产工艺、水工建筑分设在其他系。北京矿业学院仅考虑煤炭部门的需要，没有设置煤化工方面的专业。④ 北京石油学院和北京地质学院都设立了石油地质专业，使用同一个教学计划，但在培养目标上却将其分为地面地质和地下地质两部分。

教育制度过度统一影响教学质量。1953年高等技术教育体制改革完成后，高等教育部开始推行统一教学计划和教学大纲，一些学校出现了教师和学生负担过重，人才培养质量下降的问题。1955年初北京石油学院调查了石油及天然气工学专业学生负担过重的问题，发现教学中实验课时间被

---

① 教育部档案1958年永久卷19，教育部档案馆。
② 根据《1956年全国工业统计年报》第293页资料计算。
③ 高等教育部档案1957年永久卷9，教育部档案馆。
④ 1951年4月，参加矿业学院开学典礼的苏联专家加利加威提出，煤不仅是燃料，也是重要的化工原料，建议矿业学院也应该培养化工专家。但矿业学院并未采纳专家的建议设立相关专业。见《中国煤炭高等教育史》，第48页。

大量削减。对比高教部批准的教学计划与苏联教学计划（见表 8-1）可见，中国制订的教学计划中讲授时数削减较少，实验课削减较多，实验时数比苏联教学计划少将近 22％，在苏联是实验课的时间，在中国大学中则被用来讲授新课程。中学发展速度跟不上高等教育扩招的速度，很多大学生是没有读过高中的调干生，学生程度不一，而且在许多方面要求过高、过急，造成学生负担过重，影响了人才培养的质量。

表 8-1　高教部批准的教学计划与苏联教学计划的比较

时数＼项目	总时数	讲授	实验	讨论与练习	设计和论文
苏联	4 524	2 128	1 186	1 125	86
高教部批准	3 810	1 856	924	968	62
％	84.3	87.2	77.7	86	73

（来源：中国石油大学（华东）档案馆。）

三、对学习苏联经验的反思

早在全面学苏之初，部分中央领导已预见到会遇到一些困难，但还是强调要全面学习。如刘少奇在 1952 年《进一步学习苏联的先进教育经验》的讲话中指出："学习苏联经验首先要有信心、有决心。要注意学、大胆学，不要因为学的东西和中国实际还有些脱离，还没有一下结合得好，就对于学习苏联发生疑虑。把苏联经验和中国实际结合好，是一个长期的实践过程、创造过程，不可能一下就搞得很好。只有大胆地学、彻底地学，在学习过程中，逐步建设起我们的新教育，逐步达到中国化。"[65]25 陈毅认为要学苏联"就应该老老实实、系统地学。一开始就强调结合实际、选择好坏，这在实际上是不可能的。因为我们自己什么也不懂，只能好坏先搬过来，经过一段时间之后再加以总结，有所选择"①。所以，尽管预见到学习中会存在困难，但多数中央领导还是主张"先搬过来再消化"，没有过多强调"结合中国实际"的问题。

1955 年，在各个领域相继暴露出全面学苏所产生的问题，尤其是 1955年底中央领导为即将召开的八大听取各部门汇报时进一步了解到全面学苏

---

① 《陈毅副总理对高等学校部分校院长和教务长的讲话》，中国石油大学（华东）档案馆，1956，XZ1111。

产生了一些不良影响，"全面学苏"的思路开始遭受质疑。在 1955 年中央政治局召开的讨论教育改革的会议上，明确指出了高等技术教育改革中存在着严重的教条主义。周恩来指出："文教工作过去撑了架子，初期那样搞，基本上撑起了架子。另一方面带来许多问题，有的因无经验，有的不预见，有的冒了头没抓住，如布置问题和质量问题。……第一要学苏，第二，不要盲目学，要分析，哪些可学，必须学，哪些不能学。……学苏必须结合中国实际。"[①] 邓小平指出："过去不管怎样，架子撑起来了，大家鼓了一把劲。但是继续这样，就要犯错误。早提不行，今天应该提出。"[②]

中央领导指出不能全面照搬苏联经验，盲目学苏。1955 年底国务院在检查各部门苏联专家的工作情况时，已提醒各部门对专家的建议要"结合本部门的具体情况加以执行"。毛泽东和刘少奇也在听取粮食工作和重工业部的工作汇报时指出学习苏联不要迷信。[③][122]352[123]484 1955 年底还仅仅是在中央高层统一了对学习苏联态度的认识，到苏共二十大召开、毛泽东发表《论十大关系》讲话进一步在全国范围内明确不能"全面学苏"。1956 年 4 月 25 日，毛泽东在有各省、自治区、直辖市党委书记参加的中央政治局扩大会议上，作关于十大关系的报告，论述了轻重工业和农业、沿海工业和内地工业、经济建设和国防建设、中央和地方、中国和外国等关系，否定了全面学苏的做法。讲话中提到："一切民族、一切国家的长处都要学，政治、经济、科学、技术、文学、艺术的一切真正好的东西都要学。但是，必须有分析有批判地学，不能盲目地学，不能一切照抄，机械搬运。他们的短处、缺点，当然不要学。对于苏联和其他社会主义国家的经验，也应当采取这样的态度。自然科学方面，我们比较落后，特别要努力向外国学习。但是也要有批判地学，不可盲目地学，在技术方面，我看大部分先要照办，因为那些我们现在还没有，还不懂，学了比较有利。但是，已经清楚的那一部分，就不要事事照办了。外国资产阶级的一切腐败制度和思想作风，我们要坚决抵制和批判。但是，这并不妨碍我们去学习

---

① ②《1955 年中央政治局会议记录》，高等教育部档案 1955 年长期卷 2，教育部档案馆。

③ 1956 年 1 月 2 日刘少奇指示粮食部领导人，合作化以后的粮食征购制度如何改变，不要单纯学苏联的经验。毛泽东在 1956 年 2 月听取重工业部的汇报时指出："学习苏联不要迷信。对的就学，不对的就不学。苏联内务部不受党的领导，军队和企业实行'一长制'，我们就不学。学习苏联也得具体分析，我们搞土改和工商改造，就没学苏联那一套。"见《刘少奇年谱》下卷，第 352 页；薄一波，《若干重大决策与事件的回顾》上卷，第 484 页。

资本主义国家的先进的科学技术和企业管理方法中合乎科学的方面。对外国的科学、技术和文化，不加分析地一概排斥，和前面所说的对外国东西不加分析地一概照搬，都不是马克思主义的态度，都对我们的事业不利。"

高等教育领域作为全面学苏和教条主义的重灾区，受到了来自各方的批评。刘少奇在第一届全国人大常委会第四十八次会议（1956 年 10 月 13 日）上提到："教学工作中的教条主义恐怕相当严重，学习苏联是好坏一齐学，不顾中国条件，结合实际不够，有相当严重的教条主义倾向，所以产生了许多毛病，产生了许多困难。学习苏联经验要有分析，必须独立思考。应该考虑一下，外国的这个经验是好还是坏，即使它的经验好，在我们这里能不能行得通，这也是个独立思考的问题。"[6]部分大学教师对高等技术教育"全面学苏"的批评更为直接。如对于培养目标，部分教师认为："高等工业学校的培养目标是工程师的这种想法是不现实的。一个大学毕业生，非经过多年的工作锻炼和长期的知识积累，是不可能成长为一个工程师的。""由于高等工业学校必须培养工程师的思想在过去几年内一直贯穿在教学中，以致在教学上发生了许多问题。当前高等教育的特点是繁琐，课程门数花样繁多，又是基础课，又是专业课，又是专门化课。学生一学期要学十多门课，每周学习时数在三十小时以上，一天到晚在教室里换班子，上了这堂课，又是那堂课，以致走马看花，学得不精不透，更谈不上独立工作能力的培养了。"[124]对于毕业设计，部分教师认为毕业设计工作投入巨大，学生花 1 000 小时做一个毕业设计，不如把学生直接送到工厂中培训一年。[125]部分教师还提出了取消专门工学院办理工综合的大学，清华大学不少学生还集体签名要求理工合校，恢复清华大学的理学院。

第二节　对高等技术教育制度的调整

1957 年对高等技术教育进行了调整。主要内容包括调整高等教育领导关系和扩大地方自主权，鼓励发展地方院校；在工科大学中设置理科专业，取消一些分的过细的专门化；取消统一教学计划和教学大纲，将教学计划变为指导性文件，重视生产劳动教育，将之纳入教学计划。调整未从本质上改变前期已经"苏化"的高等技术教育制度。

一、发展地方工业院校

1958 年 2 月 9 日至 13 日，中宣部部长陆定一召集上海、江苏、浙江等 7 省市文教部门的负责人座谈。部分与会代表提出："为了地方工业发展的需要，希望中央允许各省市开办自己所需要的高等工业学校或在现有工科院校中增设所需要的专业或班次，为地方培养工业干部。"① 中宣部随后向中央反映了这一情况，并建议可允许地方设置工科院校。原文为"我们认为：允许各省、市根据地方工业发展的实际需要，有计划有准备地筹办高等工业学校或在原有的工业院校中增设专业，为地方培养工业干部，不仅可以满足地方工业发展的需要，而且可以发挥省、市在高等教育方面的积极性，对于发展和加强高等学校也是有利的"。中央书记处书记彭真批阅："拟原则同意，请教育部党组拟定简要的意见报中央批办。"② 1958 年 4 月 15 日，陆定一在全国高等教育工作会议上发表讲话，提出"教育事业当然也要下放，也要以地方为主，块块为主"[79]822。1958 年 8 月，中央做出《关于教育事业管理下放问题的规定》，将部分高校下放地方管理，其中包括农学院、医学院、师范学院、某些综合性大学和工业学院。据统计，1958 年中央领导的 229 所高校下放了 187 所（占 81％）。

地方政府也大力发展地方工科院校，主要有原校加翻、白手起家、中专戴帽三种方式。"原校加翻"即在保留原校的基础上，抽调部分力量组建分校，这种方式必须在原校师资充沛的条件下才可实施。但当时高校普遍面临师资短缺的窘境，根本不具备"原校加翻"的条件。如北京石油学院到 1956 年暑假后就已经缺 170 名师资，北京地质学院缺 108 名教师。这些学校根本无力支援新建院校。1956 年 6 月，蒋南翔在给中央的汇报稿中力陈"原校加翻"方式存在的弊端。他指出，在师资准备不充分的情况下，"硬从原有学校挖出大批师资，或是新的师资还没有培养成熟，过早地分裂，就等于杀鸡取蛋。不但新的办不好，甚至会把原有的学校扯垮。现在各个学校都还在发展，师资很缺乏，短期内要支援新建学校都有很大困难"[69]314。在向中央力陈"原校加翻"建立新校的种种弊端之时，蒋南翔也提出了"中专戴帽"建新校的办法。他建议："选择一些基础好的中

---

① ② 教育部档案 1958 年长期卷 93，教育部档案馆。

等专业学校和普通中学,给以帮助,先改办成二三年制的高等专科学校,然后再提高成为完全的高等学校。这种办法好处很多,绝不会伤害现有高等学校的元气;还可以发扬和鼓励这些中等学校的积极性,利用其人力与设备,并能从中等学校教师中培养提拔起一些高等学校的师资。"[69]314 以1952年发展起来的一批中专院校为基础,"戴帽"建立了一批新的工业院校。北京机械学院、北京建筑工程学院、北京电力学院、北京水利水电学院、北京煤炭工业学院、北京轻工业学院、西安公路学院、吉林工学院等都是"中专戴帽"升格的。"白手起家"以地方投入为主,北京工业大学、内蒙古工学院、黑龙江工学院、陕西化工学院、酒泉钢铁学院、青海工学院、上海石油学院、山东矿冶学院等12所工业院校都是"白手起家"建校的。与"白手起家"、"原校加翻"的建校方式相比,"中专戴帽"的院校有一定的办学基础,在以后的调整中被保留下来的较多。

随着教育权力下放和地方办学的兴起,地方高等技术教育得到了迅速发展。到1959年底,全国高等学校数量已达841所,中央各部直属的有110所,各省、市、自治区直属的有407所,专署、厂矿设立的学校324所。其中工科院校占全部高校总数的32.2%。[①][74]136 由于建设仓促,新建院校良莠不齐,有很多院校纯属盲目发展,不具备基本的办学条件,根本保证不了正常教学。如在甘肃省的41所高校中,教师不足10人的有7所,学生不足100人的有18所。为整顿高等教育的混乱状况,中央从1960年起按照"接近生产基地、适当分散"的原则对现有高校加以调整。[②] 1961年2月,中共中央批转《关于1961年和今后一个时期文化教育工作安排的报告》,提出当前文化教育工作必须贯彻执行调整、巩固、充实、提高的方针,今后几年大城市一般不再新建高等学校和中等学校。经过"调整、巩固、充实、提高",到1965年全国共有高校434所,在校生67.44万人,比1960年减少42.6%。在调整中,仍旧保留了一批地方性工业大学,如北京工业大学、内蒙古工学院等。

二、调整专业设置

为配合工业和科学技术发展的需要,解决前期人才培养"口径"不准

---

① 部分数据来自毛礼锐、沈灌群,《中国教育通史》第6卷,第136页。
② 教育部档案1961年永久卷2,教育部档案馆。

的问题，从 1956 年起开始调整专业设置。主要举措有：

一是设立部分理科专业。1956 年国家制定《1956—1967 年科学技术发展远景规划》，由此也暴露出院系调整时期理工分家带来的不良影响，浙江大学、交通大学、华东化工学院和大连工学院开始试办一批理科专业。1959 年 11 月召开中央文教书记会议，中央号召"全日制高等学校要多办数、理、化、生物专业，多招生"[①]，工科院校中设置理科专业的学校逐渐增多。北京铁道学院、唐山铁道学院分别设立了应用化学、应用物理、工程数学与力学等接近工程类的理科专业。

二是拓宽专业范围。鉴于前期学校培养的人才不能正对工业需要的"口径"，中央决定放宽专业设置，"按照苏联最新经验予以归并，并减少有些专业的专门化的数目"[②]。比较 1954 年和 1960 年的专业名称目录（表 8-2）可见，虽然合并了部分专业，但合并力度较小。有些专业还采取"宽窄并存"的方法，即根据国家需要的急迫程度、数量多少来决定专业的宽窄，需要急、数量多的专业设置就窄一些，反之就要宽一些。如机械类的汽车和拖拉机专业，不仅有独立的汽车、拖拉机专业，还有汽车拖拉机合并的专业。

表 8-2　1954 年与 1960 年专业目录对比

1954 年专业名称	1960 年专业名称
炼厂机械、石油机械制造	石油炼厂机械
纺织机械设计、纺织机械制造	纺织机械
船舶辅机、船舶特别辅机设备系统	船舶辅机及设备系统
测量仪器制造、地质仪器设计及制造、物探仪器设计及制造、纺织精密仪器、建筑工业仪表	专业仪器仪表
铁道桥梁与隧道、道路桥梁与隧道	桥梁与隧道
纤维材料机械工学、人造纤维工学	纺织工程

三是增加专业种类。工科院校的专业设置种类有所增加。表 8-3 是冶金部所属的 4 所院校 1958 年后的专业设置目录。如表所示，东北工学院除增设部分理科专业外，还增设了电机电器专业，西安建筑工程学院中增设

---

① 《市委大学部回顾 1958 年以来工作的情况》，北京市档案馆，1—22—697。
② 曾昭抡，《关于高等工业学校教学改革的几个问题》，高等教育部档案 1955 年长期卷 19，教育部档案馆。

采矿、冶金等矿冶类的专业，中南矿冶学院中增设矿山企业建筑、化学分析等专业。一些院校集中设立了一批尖端专业，以配合《1956—1967 年科学技术发展远景规划》，培养掌握尖端技术的人才。清华大学新建了远距离机械及电气自动装置、电子计算机、无线电工学、放射化工、核物理等一批高技术专业；北京钢铁学院设立金属物理、高温合金、精密合金、粉末合金等专业。复旦大学设立了原子核物理、放射化学、计算数学、力学、高分子化学、生物物理、生物化学、无线电物理、电子物理等 9 个新专业。上海交通大学新增设了无线电、应用物理、核动力装置、自动控制、数学及计算仪器等新专业。到 1961 年，全国高等学校中工科专业总数为 1 446 个，中央各部所设专业共计 705 个，地方院校所设专业为 741 个。尖端专业的数量急剧增加，仅北京各校从 1958 年以来增加的机密专业数就有 97 个（见表 8-4）。[①]

表 8-3　1958 年冶金部所属 4 校的专业目录

学校名称	原有专业	新设专业
东北工学院	采矿、选矿、矿山企业建筑、矿山机电、钢铁冶金、钢铁压力加工、钢铁热处理、有色金属冶金、有色金属加工、铸造、冶金炉、冶金企业组织、矿山机械、冶金厂机械设备、机械制造、工业企业电气化、电力网	数学、物理、工业热工及热能动力、金属物理、稀有金属专门化、有色金属及其合金的热处理及铸造、矿产地质及勘探、电机电器
北京钢铁学院	采矿、钢铁冶金、钢铁热处理、铸造、金属物理、金属物理化学、冶金厂机械设备	矿山机电、选矿、地质、冶金炉、稀有金属、金属腐蚀及粉末冶金三个专门化、冶金厂机械设备自动化专门化
中南矿冶学院	采矿、选矿、矿山机电、有色金属冶金、有色金属加工、有色金属热处理、矿产地质及勘探、探矿工程、地质、测量及找矿、稀有金属	矿山企业建筑、冶金炉、冶金机械、化学分析、制团专门化

---

① 《市委大学部关于北京四十八所高等学校现有专业数和 1958 年以来新增加的专业数的调查》，北京市档案馆，1—22—744。

续表

学校名称	原有专业	新设专业
西安建筑学院	建筑学、工业民用建筑、预制构件、建筑企业经济组织、给水排水、供热供煤气及通风、工业运输	钢铁冶金、钢铁压力加工、采矿、矿山企业建筑、选矿、矿山机电、金属学及热处理、有色金属冶金

（来源：教育部档案 1958 年长期卷 94，教育部档案馆）

表 8-4　各校尖端专业的增设情况

校名	1957年专业数	现有专业数	1958年以来新增	1958年以来新增机密专业数
清华大学	32	39	11	
中国科技大学	0	30	30	30
北京工业学院	15	30	15	15
北京航空学院	16	29	13	10
北京地质学院	8	18	10	5
北京矿业学院	8	12	4	
北京钢铁学院	8	19	11	7
北京石油学院	10	16	6	1
北京铁道学院	8	10	2	
北京邮电学院	3	10	7	3
北京化工学院		13	13	5
北京轻工业学院		6	6	
北京纺织学院		2	2	
北京建筑工业学院		8	8	
北京工业大学		12	12	
北京机械学院		12	12	
北京电力学院		7	7	
北京水电学院		5	5	

（来源：北京市档案馆，1—22—744。）

　　设置尖端专业的方式一是"遍地开花"。1958 年二机部提出，要在原子能主要的科学技术方面赶上和超过英国，必须大批培养从事原子能事业的干部。仅靠清华、北大两所学校无法完成任务，必须采取全民办原子能的方针，体现出遍地开花的精神。① 在中央文教会议上，领导也作出指示，"高等学校要设立新专业，世界上所有的尖端专业我们都要设……高、精、尖要拼命搞，不能光靠外国，要自力更生"②。据此，二机部于 1958 年 8 月制定《关于培养原子能干部的几点补充意见（草稿）》，决定各协作区的个别高等学校自 1958 或 1959 年的四年级开始设置原子能专业或专门化，一般专业中也要增设 3～4 门有关原子能的课程，并要在各个专业中普遍开设同位素应用的课程，以实现原子能专业的"遍地开花"。

另一种方式是把原有专业加以改造、提高为尖端专业，也就是"专业放宽"和"专业翻新"。"专业放宽"就是在原有专业中增设专门化，如在热能动力装置、火力发电专业中设置反应堆运转的专门化，在化学分析中设置铀分析的专门化。专业翻新则是在原有专业的教学计划中增加一些新课程，从而将老专业翻新为新的尖端专业。如在电机系原有专业中增加数门无线电类的专业课程就翻新成为无线电类的尖端专业；在矿产地质勘探专业增加放射性类的课程后即转变为放射性矿产地质勘探专业。这些方式虽然使新技术专业的数目增加，却难以发展提高，大量尖端专业的设置流于形式。

三、调整教学计划

1957 年 4 月 30 日工科修订教学计划座谈会上，曾昭抡提出："为了进一步把教学权下放，从现在起，过去高教部所发各种教学计划均改为参考性的教学文件。今后各校各专业的教学计划，都由学校根据我部所订各类专业教学计划的基本原则，结合本校情况，经过一定的程序自己来制定和执行，同时报我部备案。四年制的具体作法可以灵活些，如毕业设计可以由学校决定做或不做，数理化课程一般不要削减太多。总学时数可以变动。关于修订教学大纲的问题，高教部至少在两三年内不准备统一管。"③ 1957 年 6 月 6 日，高等教育部发出《关于改变制定教学计划、教学大纲办法的通知》，决定将统一的教学计划和教学大纲作为参考性文件。各校各

① 《关于培养原子能干部的几点补充意见（草稿）》，教育部档案 1958 年长期卷 94，教育部档案馆。
② 《市委大学部回顾 1958 年以来工作的情况》，北京市档案馆，1—22—697。
③ 《工科修订教学计划座谈会文件》，高等教育部档案 1957 年永久卷 9，教育部档案馆。

专业的教学计划由学校根据教育部所订的基本原则，结合学校情况，自行制定和执行，报教育部备案即可，不再实行统一的教学计划。

生产劳动被纳入教学计划。1958 年 8 月 13 日，毛泽东在视察天津大学时作出指示："高等学校应抓住三个东西：一是党委领导，二是群众路线，三是把教育和生产劳动结合起来。"随即中共中央和国务院在《关于教育工作的指示》中也提出："一切学校必须将生产劳动作为正式课程。"[79]859 在新修订的教学计划中将生产劳动、实习等的时间增加到 55 周，比原来增加了一倍。基础课、基础技术课及专业课的教学时间相应减少。以北京石油学院矿场机械专业 1956 年前后各类课程学时变化为例（见表 8-5），可以看出从 1956 年到 1958 年间，数理化、机械系统课及专业课的时数均有不同程度的减少。

表 8-5　矿场机械专业各年教学计划

课程门类	苏联	中国			
	1955 年	1956 年	1957 年	1958 年	1959 年
政治	406	312	377	495	398
体育	136	136	148	116	116
外语	136	268	278	230	264
数理化	738	582	612	386	618
机械系统课程	2 063	1 673	1 508	1 230	1 473
专业课	812	648	445	402	466
总学时数	4 291	3 619	3 368	2 859	3 335

（来源：中国石油大学（华东）档案馆，北京石油学院 1959 年教学计划，1959—jx11—01。）

很多学校不再局限于课堂教学和所规定的生产实习，而是组织师生下乡下厂搞现场教学、搞单科独进或按生产过程组织各门课程的综合教学，还聘请"土专家"、劳动模范、生产能手到学校任教。毕业设计也进行了改革，提出"真刀真枪"搞设计，结合科研、生产单位的实际项目来进行毕业设计。如南京工学院承担了北京火车站工程的设计工作，清华大学承担了密云水库和北京历史博物馆工程的设计工作，中央工艺美术学院参加了首都十大建筑的美术设计工作等。有些学校还以系、教研室为单位建立了校办工厂，开展生产和研发工作。

清华大学无线电系学生在系属无线电厂劳动——检查十进位管①

教学改革中存在矫枉过正的举措让苏联专家难以理解，也感到震惊和怀疑，有的专家担心"在削减了理论课的时数后，不能培养出合乎规格的工程师来，把高等学校变成了中技学校"②。有的专家说："我在中国工作了两年，你们一搞整改，把我的东西都改掉了，那样的话，我们不是白白地干了两年吗？"苏联专家的质疑虽然正确，有些意见也十分中肯，但在"大跃进"的狂潮及"以苏为鉴"的风向下，苏联专家的意见不再被各部门所重视。

1957 年以来的教育大革命试图纠正苏联教育经验中存在的弊端，探索适合中国国情的技术教育发展道路。从调整结果来看，调整工作并没有触动苏联高等技术教育制度的根本，仅是根据本国技术基础、技术发展需要做调整和融合。但调整工作却矫枉过正，很多改革举措做过了头，过分强调主观能动性，忽视了教育发展的客观规律，给高等技术教育的发展带来严重的不良后果。

---

① 清华大学电子工程系建系 50 周年画册《创业　奉献　追求》第 28 页。
②《教育部临时党组给中央的报告》，清华大学档案馆，外 065。

结　语

　　20 世纪 50 年代高等技术教育的"苏化"是国家政治、经济变革中的一次全面的技术教育制度移植，是跨国技术转移活动的一部分。中国高等技术教育的"苏化"经历了三个阶段，从 1949 年共产党接管高校到 1951 年全国工学院院长会议召开是第一阶段。从院系调整方案出台到 1956 年全面推行苏联教育经验是第二阶段，是高等技术教育的全面"苏化"。从毛泽东发表《论十大关系》反思苏联经验到 1960 年中苏关系破裂是第三阶段，对"苏化"的高等技术教育制度进行微观调整。

　　与晚清及民国时期的高等技术教育发展不同，这次改革将高等技术教育体系纳入国家工业建设的宏观大局，使高等技术教育成为现代工业建设的一个重要组成部分。近代中国的工业和技术教育都没有形成完整的体系。虽然在每次重大的技术转移中都伴生着高等技术教育的发展，但晚清和民国的高等技术教育未被完全放在国家工业化的大局中加以规划。高等技术教育的布局更多地表现出一事一举措的特点。例如，要发展建造舰船，就建立造船厂及附属的船政学堂；要发展铁路交通，就建立相应的铁路学堂。民国时期，政府管理部门和学者们已经认识到高等技术教育与工业发展脱节等问题。资源委员会领导人之一钱昌照曾谈到："重工业人才的培养，不全靠学校教育，必须有了重工业，人才有实习的机会，其质量始能加好加多。我们从前的学校教育未能顾及重工业建设的需要，而重工业建设的数量也实在是太少。此次创办规模比较大的重工业，不禁有才难之慨！"[126]810 的确，高等技术教育不能满足国家建设需要的矛盾十分突出。"学校里所造就的人才，同政府和社会所需要的人才，不论是质的方面，或是量的方面，都不相应；例如社会上需要统计和会计的人才，而学校方面，却没有顾到这种人才的训练；又如政府所需要的法律人才，为数较少，而学校所训练出来的，为数却是较多……"[127]

20世纪50年代中国在引进苏联技术的同时，注重全面借鉴苏联技术教育制度，建立起与工业化建设配套的高等技术教育体系。为统一规划技术人才培养工作，陈云、李富春等负责制定国家第一个五年计划的中央领导直接参与高等教育改革方案的制定，毛泽东、周恩来等领导人对此给予密切关注，各工业部门也直接参与高等技术教育的改革。高等技术教育的地理分布也与工业分布相结合，鉴于新工业基地主要分布在四川、陕西等内地省份的特点，调整了高等技术教育的地理布局。根据工业建设对人才的类型和数量的要求，国家统筹规划技术科学的专业，按照专业进行招生、教学和分配。教师们根据教学内容被分成不同的教研组，根据专业安排讲课内容、习题课、实习、课程设计、毕业设计等教学环节。这与1952年以前工科教学重点多取决于教师的专长和兴趣的状况有天壤之别。

显然，20世纪50年代的高等技术教育改革是随着计划经济体制建立而展开的，与当时引进的苏联技术相匹配，为技术转移提供了人才保障。改革中虽然存在一些失误，但从技术转移和国家工业化建设的效果来看，这次改革成效明显且影响深远。

一、高等技术教育"苏化"的路径

中国高等技术教育"苏化"的路径是复杂的。从工作形式上看，主要有输入教学计划与教材、聘请苏联专家来华任教或做顾问、向苏联派留学生等；从制度方面看，主要是调整院系、创办工科院校和地方工科院校、建立教研室。

高等技术教育领域技术转移的传统路径有引入购买其他国家的图书和教学资料、聘用外国教师、派出留学生。近代中国不断输入西方科学技术方面图书资料，建立了福州船政局、江南机器制造总局翻译馆、同文馆和京师大学堂等机构。19世纪后期，清朝向美国和欧洲派遣留学生，以学习更先进的技术。20世纪初，清朝进行学制改革，全面接受工业国家的科学技术教育制度。20世纪前半叶，中国逐步建立了现代科学技术教育的基本构架，发展了数学、物理学、化学、天文学、生物学、地质学、工程科学、农学、医学等基本学科。不过，那时的高等院校数量少、规模小、学科远不够完整。

20 世纪 50 年代，中国高等科学技术教育发展迅速，发生了由欧美模式转向苏联模式的重大制度改革，即参照苏联的经验设置文理综合大学、多科性工业大学，建设独立的工学院、农学院、医学院、航空学院、机械学院、地质学院、石油学院等学院，几乎全面引入苏联的专业设置、教学大纲、教学计划和教材等，聘请部分苏联专家来华执教或做顾问，向苏联大规模派遣留学生。根据技术教育的发展需要，中国政府适时调整所聘苏联专家的种类和数量。初期所聘专家主要任务是帮助中方建设高等技术教育制度，包括设立专业、建立教研组、协助制定教学计划等。后期所聘专家以传授尖端技术和新兴技术为主，其工作包括开设课程、编写讲义等，聘期从前期的两年到三年缩短为一年到几个月不等。他们还以带研究生的方式，帮助培养急需的师资。

院系调整使教师们和学科重新分布，如清华大学、北京大学等老校的教师被调整到北京的其他新建工科院校以及东北的部分大学，对其他学校与地区产生了重要影响。例如，清华和北大数学系的王湘浩、谢邦杰、徐利治、江泽坚、孙恩厚等被调整到东北人民大学后，推动了东北人民大学数学系的教学和科研工作。1955 年，新创刊的《东北人民大学学报》自然科学版的前两期就刊登了十余篇有新观点和新结果的数学论文。这在全国的数学界都引起了不小的反响，华罗庚评价说"东北出现了一颗彗星"①。1955 年以后实施的院系调整将部分沿海城市的高校内迁或借助老校的援助在内地新建高校，在四川、陕西等省新建了成都电讯工程学院、西安建筑工程学院、西安动力学院、成都地质学院等，使高等技术教育从相对发达的地区向落后地区、工业生产基地转移，带动了落后地区的发展。

20 世纪 50 年代中后期，重点发展地方工科院校，以提高地方工业技术水平，改变高等工科院校多集中在中央各部门、高等技术教育所培养的人才也大多被分配到中央直属企业的状况。在建立北京工业大学、山东矿冶学院、上海石油学院、内蒙古工学院等院校过程中，清华大学、北京钢铁学院、北京石油学院、北京地质学院等都曾提供了相应的援助。中央部门所属院校不仅帮助新校设置专业，提供或帮助制订专业教学计划，按专业为新校配备一定的教师或接收进修教师，还定期借调老校中的部分教师去新校开课。一些优秀的大学毕业生被直接分配到地方高校任教，如 1963

---

① 指《东北人民大学学报》上刊登的数学论文很多，见徐利治的回忆。

年北京工业大学无线电系有 43 名教师，其中有 13 名来自清华大学，有 8
名来自北京邮电学院，有 5 名来自北京航空学院，有 4 名来自华南工学院，
还有部分教师来自北京大学、南京大学、南京工学院、西安交通大学等校。

　　不少新建院校派进修教师到清华大学、北京航空学院等先期实践苏联
模式的院校进修学习，以掌握教学改革的基本内容和教学方法。部分新建
院校的年轻教师还到其他院校旁听课程，以掌握与课程相关的知识。这些
年轻教师回到自己的学校后，独立承担起教学任务。民国时期建立的清华
大学和北京大学等在"苏化"改革中的作用突出，成为传播改革经验的中
心。1952、1953 年新建的专门学院成为行业领域传播技术知识的中心，这
样的院校有北京钢铁学院、北京石油学院等。1955 年以后新建的石油类学
院多数都得到了北京石油学院的援助。

　　教研组是苏联高等院校中一种特有的教师组织。在中国高等技术教育
改革过程中，教研组使教师们更加有组织地开展教学活动，研究提高教学
质量，同时还承担培养年轻教师的任务。苏联专家大多深入到教研组，指
导中国教师开展各项教学工作。教研组一方面组织教师向苏联专家学习，
另一方面组织教师互相学习、讨论，以深入理解苏联教育制度。除了业务
学习和教学工作，教研组还组织教师进行政治学习，监督教师的政治思
想，还配备党员教学秘书。教研组集中工作的制度有助于消除某些教师对
教学改革的抵触情绪。

　　工业部门对技术人才的大量需求催生了院系调整方案以及专门学院的
建立，促进了高等技术教育的"苏化"。可以说，工业部门向高等技术教
育逐渐渗透，直到建立工业部门按行业对口领导工科院校，专门学院直接
为所属部门培养人才的"条块"管理体制。

二、高等技术教育"苏化"的特点

　　中国高等技术教育"苏化"表现为单一模式，并突出了"大众化"和
"政治化"。技术教育模式的单一化与中国采取的国际战略相一致，而"大
众化""政治化"则是中国共产党在延安时期秉持的教育理念。

　　1949 年新中国成立后，中国共产党选择"一边倒"向苏联，全面而系
统地引进苏联和东欧的技术，实现了单一模式的跨国技术转移。中国通过
院系调整等改革，使高等技术教育"苏联化"，短时期内建立起比较完整
的技术教育体系。从学科分布来看，高等院校按照工业生产的需要建设各

种专业人才的培养制度，包括航空、冶金、机械、电力、电子、电讯、石油、化工、原子能等专门人才的培养体系；从教育层次来看，既有中等技术教育，也有高等技术教育，而高等技术教育又分为多科性工业大学和专门学院等；从受教育者来看，新制度鼓励工农等各界的子女学习技术，并且逐步扩大招生规模；从教育与工业的关系来看，建立了工业部门直接管理高等技术教育的体制，使技术教育直接服务于工业化建设。

高等技术教育由非正规的、以个人为基础的传授知识发展为正规教育，而且使其受众面从精英阶层扩大到平民阶层，这是工业化的标志之一。[128]428在工业化阶段，对现代先进知识的看法也是高度功利主义的。人们将知识看作是获得所需技能的一种手段，而不是为了知识而获得知识。他们既要求自然科学优先于人文科学和社会科学，也强调所有研究的实际应用的政策。[128]289如日本在 1886 年 3 月发布的《帝国大学令》中规定："帝国大学以按国家需要教授学术技艺及研究深奥的学术为目的。"内阁文部大臣森有礼多次强调，办学的目的是为了国家，当教师遇到为学术还是为国家的争执时，务必将国家利益放在优先地位而予以考虑。[129]151

日本和俄国在现代化过程中都大力促进技术教育的发展。日本在工业化的初始阶段，为平民设立的学校成倍增加。到 1885 年，有 102 所专门学校。到第一次世界大战前，日本已初步形成比较完整的高等教育体系。在实业类专门学校，在校生从 1885 年的 529 人增加到 1914 年的 7 505人。[129]149 1865 年之后，沙皇俄国在欧洲第二次工业革命的形势下，迅速发展各类高等教育机构。1915 年，俄国高等教育机构总数增加到 204 所，各类专门学院或独立学院数增加尤其明显，其中技术、军事和医学学院等职业或专业性较强的学院数增长迅速。[129]133

高等技术教育的"苏化"也使中国高等技术教育实现从精英教育向大众教育的转化。1949 年以前，中国高等教育属于"小众"教育，培养的人才数量十分稀少。1949 年以后，新中国大力提倡大众教育与平民教育，将高等教育的发展目标定位为"为国家的经济、政治、文化、国防建设服务；培养全面发展的、有真才实学的、富有分析力和创造力的专门人才"。全国高等教育会议明确大学的目标是造就管理现代工业社会所需要的专家，而不是学识渊博的上层人士。政府还采取相应举措，保证教育"平民化"宗旨的落实，将私立大学的系科调整到公立大学，使高等教育完全公立。高等院校成为国家全额拨款的事业单位，不向学生收取学费，学生毕

业时由政府统一分配。高等工科院校的数量和招生规模扩大尤为明显。到
1965 年，全国已有高等学校 434 所，在校生 674 000 人，比 1949 年前最高
年增长 3.3 倍。其中，工科院校从 1949 年之前的 28 所增加到 1952 年的
43 所。到 1965 年，工科院校发展到 127 所，招生规模从 1949 年之前的
30 320人扩大到 295 273 人[44]50。此外，高等教育所用的教学语言和教材全部
为中文，使接受教育者不必再受语言的限制，也体现了教育的"大众化"。

西里尔·E. 布莱克等人对日本和俄国工业化过程的研究表明，参加现
代化行列比较晚的国家如果要达到与较早实现现代化的国家同样的发展水
平，在变革时期必须比那些较早实现现代化的国家更为强调政治控制和协
调；在 20 世纪进行现代化的国家同样需要注意通过教育反复灌输民族特
性。[128]429 在中国高等技术教育的"苏化"过程中，表现出明显的"政治化"
特征。在改革初期，知识分子经历了思想改造运动，新意识形态向教育界
渗透；在院系调整阶段，政治课在教学中的比重增加到了比苏联院校还高
的程度，党员干部担任教研组和系里的教学秘书；进入反思苏联经验阶
段，高等院校开始实行党委领导制。

高等技术教育的改革发展也深受中苏关系变化等国际政治因素的影
响。随着毛泽东于 1949 年底访问苏联并签订《中苏友好同盟互助条约》，
中国高等技术教育开始受到苏联的影响。中国入朝参战后，取得了斯大林
的信任。赫鲁晓夫上台后进一步加强与中国的关系，使中苏关系走入"蜜
月期"。在这种环境下，中国能够获得苏联政府与专家的多方帮助，进行
院系调整，逐步实现高等技术教育的"苏化"。1956 年以后，中苏关系逐
渐趋冷，中国领导人不像过去那样迷信苏联的经验。于是，中国教育界反
思"苏化"中的问题，对技术教育体系做了某些调整。

三、高等技术教育"苏化"的影响与教训

20 世纪 50 年代中国高等技术教育的"苏化"是教育发展史上的一次
重要改革，也是苏联技术成功向中国转移的一个部分，其中有不少值得思
考的经验和教训。

在"苏化"过程中，中国构建了比较完整的技术教育体系。通过院系
调整，国家建立起三个方面的工科院校，分别是高等教育部直属的多科性
工学院、部属专门学院和地方政府所属的地方性工科院校。这三类工科院
校发挥着不同的作用。高等教育部直属的多科性工业大学主要担负"提

高"的任务，为其他工科院校培养师资、提供教学援助。部属专门学院的主要任务是为所属的工业部门培养专门人才，一般按照生产流程来设置专业。地方性工科院校为地方工业培养技术力量，专业和教学计划都需要考虑地方工业特点。通过推行苏联的模式，高等院校新建了不少学科，尤其是发展了二级学科，极大增加了专业的种类和数量。

在"苏化"过程中，技术科学教育，即工科得到显著加强。在20世纪50年代之前，中国高等院校中已经建立起技术教育的基本学科，但许多更细的学科并没有建立起来，存在许多缺环。20世纪50年代，一些基本学科被细分为各种专业。根据统计，1953年院系调整初期仅有107种专业，到1962年时已有295种。详细的专业设置深化了某些技术科学的建设与教学工作。据魏寿昆院士回忆，原来北洋大学的钢铁冶金系包括钢铁和有色金属两部分，每一部分都只有一本专门的教材。1952年调整以后，钢铁单独成为一个专业，还分为炼铁、炼钢、电炉炼钢三个专门化。每一个专门化都有三大本专业书，一共9本大书。冶金炉也成为一个专业，而在北洋大学时期冶金炉方面仅开设耐火材料和测高温两门课程，每门课程仅有一本小薄书。[1]当时设置的一些专业还成为后期建立新专业的基础。如1952年北京钢铁学院设立的金属材料与热处理专业在1956年陆续分出了金属物理、高温合金、精密合金、粉末合金等新专业。北大数学力学系的数学专业成为计算数学专业的基础。

苏联模式的推行提升了技术教育整体水平。在"苏化"过程中，高等技术教育引进了各专业的教学计划和教学大纲，形成了一整套教学制度，如建立教研组、制订教学计划、编写教学大纲、备课、讲课以及习题课、课程设计、毕业设计等，强化并规范了教学工作。而且，新体制注重实习和实践，一方面加强了实验室建设，为日常实验和教师的科研活动提供了条件，另一方面与生产部门的密切联系与生产实习活动拓展了校外实习的空间，使学生能够将所学理论与实践相联系。另外，通过各种方式培养出大量年轻教师，建立了一支规模较大的师资队伍，为技术教育的后期发展奠定了基础。

高等技术教育培养的人才基本保障了"一五"计划对人才的急迫需求，特别是实施苏联援华"156项工程"的需要。根据曾昭抡1957年4月

---

[1] 韩晋芳、张柏春，魏寿昆院士访谈记录，2007年4月。

召开的工科修订教学计划座谈会上的讲话记录，从 1949 年到 1956 年，高等学校为国家培养出各类工业技术人才共约 9 万 5 千人，相当于 1927－1947 年高等学校工科毕业生总数的 300%。①新建的专门学院为所属工业部门输送人才效果尤其明显。1953 年建院的北京石油学院从 1957 年起平均每年毕业 700 余人，到 1960 年后平均每年毕业 1 000 余人，有力地支援了石油工业的建设。从质量上来看，"一个萝卜一个坑"的系统专业训练方式使毕业生到工作岗位后能够很快承担工作，符合当时中国工业快速发展的情况。

六十多年前，国家按照苏联模式进行院系调整，这为后世高等技术教育的发展奠定了坚实的基础，然而，院系调整中也存在不少问题和教训。

当时苏联高等院校本科教育实行五年制，既系统训练专业技术人才，又注重提升科研水平。苏联的专门学院也很重视对专业技术人才的理科教学和基础教学。美国、德国等国家的理工综合研究型大学也都加强了基础理论教学，为理工科学生打下宽厚而扎实的理论基础。同时，一些国家也注重建设特点突出的专门技术教育。德国的专门学院（Technische Fach-hochschule）是"非学术性高校的典范"[130]。这类专门学院大多由各州主办，专业设置由各州教育与科学部审批。各州政府往往根据本州的实际情况严格控制专业设置，使专业设置具有地方特色[130]。这些专门学院首先注重实用性技术教育，但也开设一些基础课，使学生有较宽的理论基础，对未来工作的变化有较强的适应力。

20 世纪 50 年代院系调整时，国家没有采取苏联的本科五年制，而是实行四年制本科教育，以尽快满足工业化对专业技术人才的迫切需要。国家将高等院校首先定位为培养人才，还把部分科研能力强的教师调往中国科学院和其他科研院所，甚至还调往工业部门。高等教育的重点是培养本科生，而未建立硕士、博士研究生教育制度，只有少数高校曾少量培养二年制的研究生，这种局面一直维持到 1978 年。由于缺少研究生教育这一重要环节，我国高等教育长期滞后于发达国家，不能系统地培养高层次专业人才。那些很有潜质的学生要在本科毕业生后的实际工作中进一步学习，逐步提高科研能力。院系调整工作力度大、时间紧，教师们忙于建设院系和教学，任务非常繁重，实际上没多少时间从事科研工作。

---

① 1957 年高等教育部永久卷 9，教育部档案馆。

院系调整中不顾实际条件和学校发展的历史"一刀切"式地实行理工分离，同时削弱了对学生的人文素质教育，难以培养理工综合的科研人才。院系调整以后，工科院校不设理科系，而只设理科教研组，形成理科教育力量不足的问题。例如，清华大学在院系调整后理科仅剩三位教授和大量的年轻教师，理科教学水平有所下降。1956年国家实施《1956—1967年科学技术发展远景规划》，促使各校"一哄而上"地增设理科专业和新技术专业，甚至不顾条件地追求专业"样样齐全"，淡化了学校发展的特色。与理科相比，工科院校在文科教育方面更是薄弱，工科学生的人文社会素养通常比较差。工科与文科分离现象长期存在，这不利于培养视野开阔的人才，也不符合世界高等教育发展的潮流。

受政治风向的影响，教育改革时常变换思路，有时出现比较片面甚至走极端的做法，干扰学校与教学的健康发展。在20世纪50年代初的教育改革中，全面照搬苏联模式，完全否定了欧美教育模式的好经验，不尊重那些有欧美留学背景的老教师们的意见。在50年代后期，特别是"大跃进"时期，又盲目否定国外的经验，采取过违背高等教育规律的做法，造成不良影响。到了"文化大革命"期间，高等技术教育受到严重的破坏，高等院校一度停止招生，损失惨重。

总之，20世纪50年代的院系调整标志着中国高等技术教育的"苏化"，它推动了工科教育的大发展，基本上满足了国家工业化建设对人才的迫切需求，并为后世留下了值得汲取的经验和教训。

附录

1952 年高等工业院校调整计划

华北区：

清华大学：由原清华大学、北京大学两校工学院及燕京大学工科各系科，察哈尔工业大学水利系，天津大学采矿系二年级，石油钻探组，石油炼制系组及北京铁道学院材料鉴定专修科合并组成。

天津大学：由原天津大学、南开大学、津沽大学三校工学院系科，北京铁道学院建筑系及清华大学、北京大学、燕京大学三校化工系的一部及唐山铁道学院化工系合并组成。

北京地质学院：由原北京大学、清华大学、天津大学、唐山铁道学院地质系科组成。

北京钢铁学院：由北京工业学院、唐山铁道学院、山西大学工学院、西北工学院等校冶金系科及北京工业学院采矿、钢铁机械，天津大学采矿系金属组等系科合并成立。

北京航空工业学院：由北京工业学院航空系、清华大学航空系、四川大学航空系合并成立。

中国矿业学院：原中国矿业学院，清华大学、天津大学、唐山铁道学院采矿系采煤组及唐山铁道学院洗煤组并入。

北京铁道学院：由原北京铁道学院、唐山铁道学院、哈尔滨铁道学院三校运输、管理、财经等系科合并组成。

唐山铁道学院：由原唐山铁道学院、北京铁道学院、哈尔滨铁道学院三校机械、重机、土木等系科合并组成。

山西大学工学院：由原山西大学工学院独立改设。

华东区：

交通大学：由原交通大学、同济大学、大同大学、震旦大学、武汉交通学院、沪江大学等校机械、电机、造船等系科，上海市立工业专科学校动力、电力、造船科与中华工商专科学校、华东交通专科学校二年制机械科合并组成。

同济大学：由原同济大学、交通大学、圣约翰大学、大同大学、震旦大学、上海市工业专科学校、中华工商专科学校、华东交通专科学校土木系科，同济大学测量系，南京大学、圣约翰大学、之江大学三校建筑系与上海市工业专科学校市政、结构二科合并组成。

浙江大学：由原浙江大学、之江大学两校工学院系科（浙江大学土木系水利组与之江大学建筑系除外）合并组成。

南京工学院：由原南京大学、金陵大学、江南大学三校土木、机械、电机、化工、食品工业等系科，浙江大学农化系、农产制造组与南京大学食品工业系、制糖科合并组成。

华东航空学院：由原南京大学、交通大学、浙江大学三校航空系合并成立。

华东水利学院：由原交通大学、同济大学、南京大学、浙江大学四校水利系及华东水利专科学校合并成立。

华东化工学院：由原交通大学、大同大学、震旦大学、东吴大学、江南大学五校化工系合并成立。

华东纺织工学院：由原华东纺织工学院各系科、南通学院纺织系、染化系与中南纺织专科学校纺织科合并成立。

山东工学院：由原山东工学院与山东大学工学院机械、电机、化工等系科合并组成。

山东大学工学院：由原山东大学工学院与山东工学院土木、纺织等系科合并组成。

中南区：

华南工学院：由原中山大学、岭南大学、华南联合大学三校工学院系科合并组成。武汉交通学院桥梁专修科及广东工专并入。

中南矿冶学院：由武汉大学、湖南大学、广西大学三校矿冶系及南昌大学采矿系、中山大学地质系合并成立。

西南区：

重庆工学院（后改称重庆大学）：由原重庆大学工学院地质、采矿、冶金、电机、机械等系，贵州大学机械、电机、地质三系，四川大学地质组，石油专科学校及西南工业专科学校、川南工业专科学校、西昌技艺专科学校三校机械科、电机科合并组成。

重庆土木建筑学院：由原重庆大学、贵州大学、川北大学三校土木系，重庆大学建筑系，西南工业专科学校、川南工业专科学校、西昌技艺专科学校三校土木科及西南工业专科学校、成都艺术专科学校两校建筑科合并成立。

四川化工学院：由原重庆大学、四川大学、川北大学三校化工系，川南工业专科学校、西南工业专科学校、西昌技艺专科学校、乐山技艺专科学校四校化工科，西南农学院、四川大学农学院两校农产制造系科及乐山技艺专科学校造纸科合并成立。

重庆纺织专科学校：由原乐山技艺专科学校纺织染科与成都职业学校合并成立。

东北区：

东北工学院：由原东北工学院、大连工学院、哈尔滨工业大学三校采矿、冶金等系科合并组成。

大连工学院：由原大连工学院、东北工学院、哈尔滨工业大学三校化工系科合并组成。

哈尔滨工业大学：由原哈尔滨工业大学、东北工学院、大连工学院三校机械、电机、土木等系科合并组成。

东北地质学院：由原东北地质专科学校、东北工学院地质系与山东大学地矿系合并成立。

哈尔滨铁道学院：由原哈尔滨铁道学院、北京铁道学院、唐山铁道学院电信、信号等系科合并组成。

1953 年高等工业院校调整计划

华北区：

　　北京建筑专科学校：并入清华大学，其校名取消。

　　北京石油工业学院：清华大学石油系独立建院。

华东区：

　　厦门大学：工学院的发电厂配电网部分及土木部分并入浙江大学；电信及火力发电部分并入南京工学院；水利部分并入华东水利学院。

　　山东农学院农田水利系并入华东水利学院。

　　山东工学院化工系并入华东化工学院。

　　华东交通专科学校：学校取消，师生分别转入浙江大学、南京工学院、北京铁道学院、苏南工业专科学校、华东纺织工学院、山东工学院及青岛工学院等院校。

中南区：

　　华中工学院：湖南、广西、南昌三大学及武汉大学工学院，华南工学院的机械制造、动力机械制造、电机制造及动力部分合并组成。

　　中南土木建筑学院：湖南、广西、南昌三大学及武汉大学工学院的土木系有关公路、铁路、工业与民用建筑部分，华南工学院的土木系有关铁路、桥梁部分，四川大学工学院土木系的铁路建筑部分及云南大学工学院铁道系工程组合并成立。

　　华南工学院水利系并入武汉大学水利学院。

　　湖南、广西、南昌三大学及武汉大学工学院的电机系电信部分、土木系工业与民用建筑结构部分，武汉大学工程测量专修科，湖南大学建筑专修科并入华南工学院。

　　湖南大学矿物化验专修科并入中南矿冶学院。

西南区：

　　贵州大学工学院各系分别调入重庆大学、四川大学工学院及云南大学工学院。

　　四川纺织专科学校（即原重庆纺织专科学校）改为中等技术学校，其专科学生分别转入天津大学及华东纺织工学院。

西昌技艺专科学校取消，学生分别转入重庆大学、四川大学及西南农学院。

东北区：

大连海运学院：东北航海学院、上海航务学院、福建航海专科学校合并组成。

西北区：

甘肃工业专科学校并入西北工学院，校名取消。

《关于中央人民政府各有关业务部门管理所属高等学校的几项规定（草案）》

第一、有关业务部门所属高等学校的院系及专业的调整或设置，业务部门得根据本部门的实际情况及需要，提出具体计划报中央高等教育部核准或由中央高等教育部提出意见与各有关业务部门磋商确定；凡关学校设立，或停办等类较大之处置问题，无论何方提出经商定后则由中央高等教育部呈报有关领导机关批准。

第二、关于高等学校人事方面的问题：

甲、负责遴选所属高等学校校长、院长报中央高等教育部审查提请中央人民政府委员会任免之。

乙、负责遴选所属专科学校校长报请中央高等教育部任免之。

丙、负责遴选所属高等学校的教务长、研究部主任、总务长、政治辅导处主任报请中央高等教育部任免之。

丁、负责审批所属高等学校关于系主任、教研室主任及处科长级行政干部的任免，有关系主任、教研室主任的任免并须随时抄报中央高等教育部。

戊、有关教师提升，工资评定、学生学籍等项问题，各业务部门应根据中央高等教育部统一制定的规章制度负责处理之。

第三、根据中央高等教育部统一制定的师资培养计划，负责督促所属高等学校完成师资培养任务。

第四、高等学校的师资，原则上由中央高等教育部统一协商调配，各业务部门应尽量协助所属高等学校调配补充师资，特别是专业课师资。同时可根据实际需要，在所属各校之间作必要的调剂。但如调离学校做其他工作或教学人员和生产人员调整轮换，则均应事先商得中央高等教育部同意。

第五、根据中央高等教育部关于高等学校组织编制方面的一般规定，按学校的具体情况负责审批所属学校的组织编制报告。并抄报中央高等教育部备查。

第六、根据中央高等教育部统一颁发的年度计划各项指标，（结合所属学校实际情况）具体领导所属学校拟制学校年度计划，并汇编报中央高等教育部核转国家计划委员会批准。

第七、根据核定的财政计划指标数，按照中央财政部统一规定的预算科目表报，审核汇编所属高等学校的年度预算，年度决算，送中央高等教育部核转中央财政部核定。对各校预算执行情况负监督检查之责。关于经费的领拨、季度经费计划及计算的审核汇编工作，可迳报中央财政部。

第八、根据核定的高等学校基本建设规格标准及基本建设规格标准及基本建设经费指标数，负责审批所属各校的基本建设任务及其他设计文件，并负责办理建筑材料供应的申请、组织施工、备料、督导验收等工作。基本建设中的总结设计，由中央高等教育部会同各有关部门审核批准。

第九、根据核定的教学设备经费，负责所属高等学校的国内外仪器采购及订货卡片之审核、汇编、提出申请等工作，并指导协助所属各校改善教学设备。

第十、负责修订所属高等学校专业教学计划，报中央高等教育部批准。

第十一、根据中央教育部批准的专业教学计划，组织领导所属各校修订专业课程的教学大纲，并送中央高等教育部备查。

第十二、关于所属高等学校的专业课程教材问题，根据全国高等学校按专业分工、结合业务，统筹解决的原则，负责解决某些与本部门业务密切相关的专业教材。

第十三、根据中央高等教育部颁布的生产实习规程及每年有关生产实习工作的指示和计划，检查实习进行情况，交流实习经验，并提出有关生产实习的报告与建议。

第十四、指导协助所属高等学校改进教学及科学研究工作。在不泄露国家机密的原则下，供给各校有关教学及科学研究方面的参考资料。

第十五、根据中央人民政府高等教育部与各有关业务部门分工管理所属高等学校、中等技术学校专家工作的暂行办法，负责管理所属高等学校的专家工作。

有专家的业务部门，在可能情况下，应尽量组织本部门的专家抽出一定力量，指导学校科学研究工作或传授专业知识。

第十六、负责处理所属高等学校与上述各条有关的日常请示报告事项。

第十七、检查所属学校的各项工作，组织交流工作经验，并将检查结果抄报中央高等教育部。

第十八、本办法报请中央人民政府政务院批准后公布施行。①

---

① 高等教育部档案 1953 年永久卷 3，教育部档案馆。

参考文献

[1] Leo Orleans, Professional Manpower and Education in Communist China [M]. Washington, D. C.：National Science Foundation ，1961.

[2] Chêng, Chu-yüan, Scientific and engineering manpower in Communist China 1949—1963 [M]. Washington, D. C.：National Science Foundation，1965.

[3] 大塚丰. 现代中国高等教育的形成 [M]. 黄福涛，译. 北京：北京师范大学出版社，1998.

[4] 胡建华. 现代中国大学制度的原点：50 年代初期的大学改革 [M]. 南京：南京师范大学出版社，2001.

[5] 张柏春. 苏联技术向中国的转移 [M]. 济南：山东教育出版社，2004.

[6] 沈志华. 苏联专家在中国 [M]. 北京：中国国际广播出版社，2003.

[7] 罗时叙. 由蜜月到反目——苏联专家在中国 [M]. 北京：世界知识出版社，1999.

[8] 马永斌，董冰. 院系调整与我国高等工程教育 [J]. 清华大学教育研究，1998，4：65-69.

[9] 吴连海. 建国初十年高校院系调整对我国工科教育的积极影响 [J]. 航海教育研究，2005，2：15-19.

[10] 吴连海. 工科教育在建国初十年高校院系调整中的快速发展述评 [J]. 煤炭高等教育，2006，1：28-31.

[11] 刘文渊，欧阳军喜. 中国高等工程教育发展概况 [J]. 清华大学

教育研究，1991，1：73-83.

[12] 王杰，韩云芳. 新中国初期建立高等工程教育体系的探索 [J]. 高等工程教育研究（武汉），2003，2：43-47.

[13] 郑刚，兰军. 20 世纪 50 年代高等教育界聘请苏联专家发展历程、特点及其影响 [J]. 吉首大学学报：社会科学版，2007，1：124-129.

[14] 鲍鸥. 苏联专家与新清华的建设 [A] //关贵海，栾景河，等. 中俄关系的历史与现实：第二辑. 北京：社会科学文献出版社，2009：146-163.

[15] 赵阳辉. 苏联援助创办哈尔滨军事工程学院的历史研究 [D]. 长沙：国防科学技术大学，2005.

[16] 王丽莉，潜伟. 1952—1957 年苏联专家与北京钢铁工业学院的学科建设 [J]. 北京科技大学学报：社会科学版，2010，2：478-481.

[17] 任一明，熊明安. 新中国成立 50 年间高等学校几次重大调整 [J]. 西南师范大学学报：哲社版，1999，5：20-25.

[18] 李涛. 关于建国初期中国高等学校院系调整的综合述评 [J]. 北京联合大学学报：人文社会科学版，2005，3（2）：88-93.

[19] 李刚. 大学的终结——1950 年代初期的"院系调整" [J]. 中国改革，2003，8：36-37.

[20] 陈坤华. 建国初期我国高校专业改造的历史思考 [J]. 吉林工学院学报，2001，22（4）：28-31.

[21] 清华大学校史研究室. 清华大学史料选编第 5 卷（上）[G]. 北京：清华大学出版社，2005.

[22] 教育部高等教育司. 全国高等教育概况 [M] //罗家伦. 革命文献：第 56 辑. 台北：中央文物供应社，1971：38-191.

[23] 沈志华. 中苏关系史纲（1917—1991）[M]. 北京：新华出版社，2007.

[24] 中国社会科学院中央档案馆. 中华人民共和国经济档案资料选编（1949—1952）：工业卷 [G]. 北京：中国物资出版社，1996.

[25] 李涛. 借鉴与发展：中苏教育关系研究（1949—1976）[M] //田正平. 教育交流与教育现代化研究丛书. 杭州：浙江教育出版社，2006.

[26] 陈丽，邬拉努. 苏德战争初期和苏联经济真相. http：//www.

edu. cn/20020830/3066062. shtml.

[27] 程今吾. 苏联高等教育情况介绍 [J]. 人民教育，1951，2：24.

[28] 赵荣昌. 三十年代苏联高等教育的改革 [J]. 辽宁高等教育研究，1982，4：153-159.

[29] 韩晋芳，张柏春. 魏寿昆院士访谈录 [J]. 中国科技史杂志，2009，2：193-202.

[30] 张男星. 俄罗斯高等教育体制变革研究 [D]. 上海：华东师范大学，2002，16.

[31] 利斯尼科夫. 苏联工业专家的培养 [M]. 井宛平，田遂，译. 北京：时代出版社，1956，14.

[32] 毛泽东. 毛泽东选集：第 4 卷 [M]. 北京：人民出版社，1991，1481.

[33] 人民政协第一届全国委员会第四次会议闭幕，毛泽东主席作了三点重要指示 [N]. 人民日报，1953-02-08（1）.

[34] 毛泽东. 论十大关系 [G] //中共中央文献研究室. 建国以来重要文献选编：第八册. 北京：中央文献出版社，1994.

[35] 毛泽东. 要以我为主学习别人的先进经验（1958 年 6 月 29 日）[G] //建国以来毛泽东军事文稿：中卷. 北京：军事科学出版社、中央文献出版社，2010.

[36] 陈云. 1951 年财经工作要点 [G] //中共中央文献研究室. 建国以来重要文献选编：第二册. 北京：中央文献出版社，1993，190-204.

[37] 陈云. 关于发展国民经济的第一个五年计划的报告 [J]. 党的文献，1995，3：12-20.

[38] 中华人民共和国发展国民经济的第一个五年计划（1953—1957）[G] //中共中央文献研究室. 建国以来重要文献选编：第六册. 北京：中央文献出版社，1993，525.

[39] 中国社会科学院，中央档案馆. 中华人民共和国经济档案资料选编（1953－1957）：工业卷 [G]. 北京：中国物价出版社，1998，38.

[40] 宁可. 中国经济发展史：第 5 册 [M]. 北京：中国经济出版社，1999.

[41] 方惠坚. 清华大学志：上册 [M]. 北京：清华大学出版社，2001.

［42］梁华，刘金文. 中国石油通史（1840—1949）［M］. 北京：中国石化出版社，2003. 381.

［43］申力生. 中国石油工业发展史：第二卷［M］. 北京：石油工业出版社，1988，301.

［44］中华人民共和国教育部计划财务司. 中国教育成就统计资料（1949—1983）［G］. 北京：人民教育出版社，1984.

［45］张德芹. 新中国成立以来两次院系调整的比较研究［D］. 南京：南京师范大学，2008.

［46］钱俊瑞1949年12月30日在第一次全国教育工作会议上的总结报告要点［G］//中共中央文献研究室. 建国以来重要文献选编：第1册. 北京：中央文献出版社，1992.

［47］史贵全. 中国近代高等工程教育研究［M］. 上海：上海交通大学出版社，2004.

［48］清华大学校史编写组. 清华大学校史稿［M］. 北京：中华书局，1981.

［49］陈超群. 清华大学工学院的创建［D］. 北京：清华大学，2005.

［50］清华大学校史研究室. 清华大学史料选编：第二册（下）［G］. 北京：清华大学出版社，1991.

［51］刘超. 中国大学及其近代化转型［N］. 学习时报，2009-08-25.

［52］《延安自然科学院史料》编辑委员会. 延安自然科学院史料［M］. 北京：中共党史资料出版社，1986.

［53］毛礼锐，沈灌群. 中国教育通史：第4卷［M］. 济南：山东教育出版社，2005，第2版.

［54］曲铁华，梁清. 日本侵华教育全史：第1卷［M］. 北京：人民教育出版社，2005.

［55］庄焜明. 抗战时期中国高等教育之研究［D］. 台北：文化史研究所博士论文，1979.

［56］一得. 我国各专科以上学校设置专门科的介绍［J］//罗家伦. 革命文献：第56辑. 台北：中央文物供应社，1971：206-210.

［57］吴相湘，刘绍唐. 第一次中国教育年鉴：第4册［M］. 台北：传记文学出版社，影印本，1971.

［58］朱家骅. 第二次中国教育年鉴：第14编［M］. 台北：文海出版

社，影印本，1986.

[59] 王世杰. 中国教育的现状 [M] //黄季陆. 革命文献：第 55 辑. 台北：中央文物供应社，1971：69-76.

[60] 费正清. 剑桥中华人民共和国史：革命的中国的兴起（1949—1965）[M]. 北京：中国社会科学出版社，1990：199-200.

[61] 教育部. 改进高等教育计划 [M] //黄季陆. 革命文献：第 54 辑. 台北：中央文物供应社，1971：160-191.

[62] 陈果夫. 改革教育初步方案 [M] //黄季陆. 革命文献：第 54 辑. 台北：中央文物供应社，1971：397-398.

[63] 黄建中. 三年来之中国高等教育 [M] //黄季陆. 革命文献：第 55 辑. 台北：中央文物供应社，1971：77-92.

[64] 教育部马叙伦部长在全国高等教育会议上的开幕词 [N]. 人民日报，1950-06-14.

[65] 上海市高等教育局研究室. 中华人民共和国建国以来高等教育重要文献选编：下册 [G]. 上海：上海高等教育局研究室，1979.

[66] 陆定一. 新中国的教育和文化 [N]. 人民日报，1950-04-19.

[67] 邱雁，杨新. 解放初院系调整大事记 [J]. 辽宁高等教育研究，1982，4：200.

[68] 中央教育科学研究所. 中华人民共和国教育大事记 [M]. 北京：教育科学出版社，1983.

[69] 陈大白. 北京高等教育文献资料选编（1949—1976）[G]. 北京：首都师范大学出版社，2002.

[70] 谈天民. 从延安走来——北京理工大学的办学道路 [M]. 北京：北京理工大学出版社，2004.

[71] 北京航空航天大学校史编写办公室. 北京航空航天大学校史资料汇编：第 1 辑 [G]. 北京：北京航空航天大学内部刊印.

[72] 王铁. 调查清华大学教学问题的几点体会 [J]. 人民教育，1952，9：24-25.

[73] 方惠坚. 清华大学志：下册 [M]. 北京：清华大学出版社，2001.

[74] 毛礼锐，沈灌群. 中国教育通史：第 6 卷 [M]. 济南：山东教育出版社，2005，第 2 版.

[75] 梁思成. 梁思成全集：第五卷 [M]. 北京：中国建筑工业出版社，2001. 46-54.

[76] 做好院系调整工作，有效地培养国家建设干部 [N]. 人民日报，1952-09-24.

[77] 李杨. 五十年代的院系调整与社会变迁——院系调整研究之一 [J]. 开放时代，2004，5：478-481.

[78] 沈志华. 思考与选择——从知识分子会议到反右派运动 [M]. 香港：香港中文大学出版社，2008. 24.

[79] 何东昌. 中华人民共和国重要教育文献（1949—1975）[G]. 海口：海南出版社，1998.

[80] 中央人民政府教育部召开全国工学院院长会议，拟定明年高等工业教育院系调整方案 [N]. 人民日报，1951-11-13.

[81] 建国初期全国高等学校院系调整文献选载（1951—1953）[A]. 党的文献，2002，6：59-70.

[82] 钱伟长先生的言论摘要 [N]. 新清华，1957-07-02.

[83] 陈士骅. 我的资产阶级思想怎样阻碍了院系调整 [N]. 人民日报，1952-03-17.

[84] 清华大学校史研究室. 清华大学史料选编：第 5 卷（下）[G]. 北京：清华大学出版社，2005.

[85] 徐利治. 徐利治——从留学英国到东北人民大学数学系 [J]. 中国科技史料，2004，4：345-361.

[86] 尹赞勋. 往事漫忆 [M]. 北京：海洋出版社，1988.

[87] 蒋龙. 北京航空学院的建立与苏联的援助 [J]. 中国科技史料，2004，1：54-80.

[88] 余世诚，牟杰. 中国石油高等教育发展史（1953—1999）[M]. 东营：石油大学出版社，2002.

[89] 李国钧，王炳照. 中国教育制度通史：第 8 卷 [M]. 济南：山东教育出版社，2000.

[90] 曾昭抡. 高等学校的专业设置问题 [J]. 人民教育，1952，9：6-9.

[91] 高等教育部发展和改进全国高等工业教育，大量培养工业建设人材 [N]. 人民日报，1952-12-01.

[92] 蒋龙. 北京航空学院的建立与苏联的援助（1952—1960 年）

[D]. 北京：中国科学院自然科学史研究所，2003.

[93] 一年来高等工业学校教学改革的若干情况和问题 [J]. 高等教育通讯，1954，13：17.

[94] 王立诚，管蕾. 建国初期上海高校的院系调整研究 [A] //吴景平，徐思彦. 复旦史学专刊第二辑：1950 年代的中国. 上海：复旦大学出版社，2006，251.

[95] 高等教育部 1954 年的工作总结和 1955 年的工作要点 [J]. 高等教育通讯，1955，8：398-399.

[96] 中国大百科全书编辑委员会. 中国大百科全书：教育 [M]. 北京：中国大百科全书出版社，1985，153-154.

[97] 苏联高等学校数学教材中译现况 [J]. 数学通报，1952，4：59-62.

[98] 王学珍. 北京大学纪事（一八九八～一九九七）：上册 [M]. 北京：北京大学出版社，1998.

[99] 安德列扬诺夫. 关于苏联高等学校的教学、行政组织与政治思想教育等问题 [J]. 人民教育，1951，9：17-23.

[100] 院系调整胜利完成，任务明确具体 [N]. 光明日报，1952-11-02.

[101] 杨民华. 高等学校工科拟订教学计划中的问题和经验 [J]. 人民教育，1952，11：22-24.

[102] 清华大学 1952 年度教学工作总结 [N]. 新清华，1953-09-14.

[103] 蒋南翔. 蒋南翔文集 [M]. 北京：清华大学出版社，1998.

[104] 史轩. 五十年代教学改革中的清华 [J]. 清华人，2008，4.

[105] 清华大学修订教学大纲的工作 [N]. 人民日报，1953-07-04.

[106] 要继续稳步提高讲课质量 [N]. 新清华，1953-10-12.

[107] 陈家新，丁兆君，胡化凯，等. 抗战时期的清华无线电研究所 [J]. 哈尔滨工业大学学报，2008，6：1-6.

[108] 吴佑寿，等. 清华大学电子工程系建系五十周年纪念文集 [M]. 北京：清华大学出版社，2002.

[109] 王新三. 第一个五年计划中的燃料工业 [M]. 北京：中华全国科学技术普及协会，1956，28.

[110] 余世诚. 石油大学校史（1953—2003）[M]. 东营：石油大学出版社，2003，8.